小学4年生

作文・表《ひょう》現《げん》に
ぐーんと強くなる

学習指導要領対応

KUMON

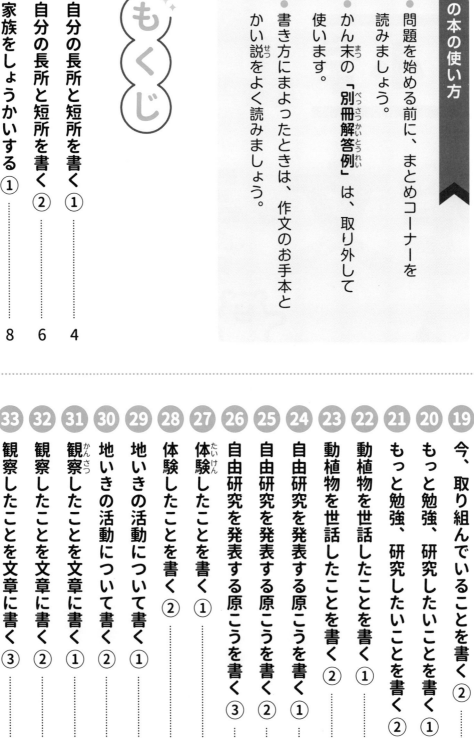

この本の使い方

- 問題を始める前に、まとめコーナーを読みましょう。
- かん末《まつ》の「別冊解答例《べっさつかいとうれい》」は、取り外して使います。
- 書き方にまよったときは、作文のお手本とかい説《せつ》をよく読みましょう。

もくじ

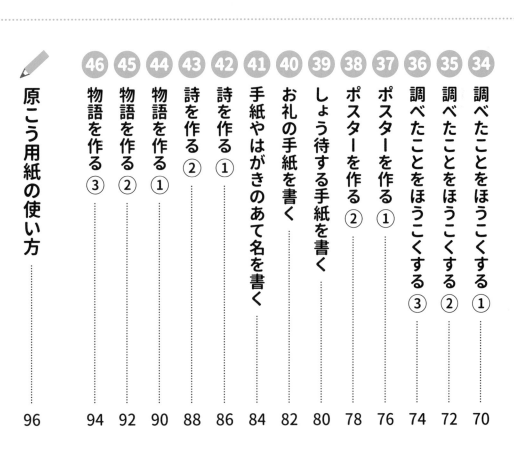

1 自分の長所と短所を書く①

自分の長所や短所の見つけ方

まず、自分自身をふり返ってみましょう。

◆先生や家の人にほめられたり、感心されたりしたことを思い出してみよう。

例《れい》・あいさつの声が元気で明るい。
・いつもにこにこしていて、やさしい。
・絵や歌がうまいとほめられた。

これは長所だね。

◆先生や家の人に注意されたり、しかられたりしたことを思い出してみよう。

例・宿題をわすれて注意された。
・ねぼうして、ちこくしそうになった。
・部屋《へや》が散《ち》らかっていても、かたづけない。

これは短所だね。

このようなことから、自分のこんなところがいいなと思うところ（長所）と、変《か》えたほうがいいなと思うところ（短所）を考えてみよう。

---

❶ みづきさんについてのまん画を見て、後の問題に答えましょう。

みづきさん
▼
高いとび箱がとべない……。
何回も練習したよ。
やった！できた。

(1) みづきさんが自分の長所について書いたメモの、（　）に合う言葉を書きましょう。うすい字はなぞりましょう。

初《はじ》め、（　　）とび箱がとべなかったが、（　　）も練習して、最後《さいご》には（　　）ことができた。
わたしの長所は、（あきらめない）で、できるまでやるところだ。

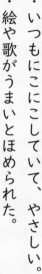

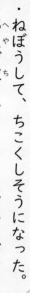

2 みづきさんについてのまん画を見て、後の問題に答えましょう。

〈学校で〉
宿題のプリント、家に置《お》いてきちゃった!
〈家で〉
借《か》りた本を学校に置いてきちゃった!
今日《きょう》必要《ひつよう》だったのに、どうしよう。

(1) みづきさんが自分の短所について書いたメモの、(　)に合う言葉を書きましょう。うすい字はなぞりましょう。

(　　　)のプリントを家にわすれたことがあった。

学校に(　　　)を置きわすれて、家で読めなくて、こまったこともあった。

わたしの短所は、(わすれ物)が多いところだ。

---

3 あなたの考える、自分の長所と短所を書きましょう。

(1) あなたの長所

例 あきらめないで、できるまでやるところ。

(2) 長所によって、うまくできたこと。

例 高いとび箱を、何回も練習してとべるようになった。

(3) あなたの短所

例 わすれ物が多いところ。

(4) 短所によって、失敗《しっぱい》したこと。

例 宿題や借りた本を置きわすれて、こまった。

2 自分の長所と短所を書く②

1 みづきさんは、自分の長所と短所を次のようなメモにしました。うすい字をなぞりましょう。

〈みづきさんのメモ〉

長所	長所によってうまくできたこと	短所	短所によって失敗《しっぱい》したこと
（あきらめない）で、できるまでやるところ。	とべなかった高いとび箱を、（何回も）練習して、とべるようになったこと。	（わすれ物）が多いところ。	（宿題）のプリントを家にわすれたり、借《か》りた本を（学校）に置《お》きわすれたりして、こまったこと。

2 みづきさんの長所と短所をしょうかいする文章の（　）に合う言葉を、上の〈みづきさんのメモ〉からさがして書きましょう。

〈みづきさんの文章〉

わたしの長所は、どんなことも（　　　　）で、できるまでやるところです。

体育で、（　　）とび箱がとべませんでしたが、何回も練習して、最後《さいご》にはとべるようになりました。

わたしの短所は、（　　）が多いところです。

宿題の（　　）を家にわすれたり、（　　）を学校に置きわすれたりして、とてもこまったことがありました。

3 〈みづきさんのメモ〉を参考《さんこう》にして、あなたの長所と短所についてのメモを作りましょう。5ページの**3**で書いたことを、メモにまとめましょう。

〈あなたのメモ〉

長所	長所によってうまくできたこと	短所	短所によって失敗したこと

4 上の〈あなたのメモ〉を見ながら、あなたの長所と短所をしょうかいする文章を書きましょう。

▼どちらかを◯でかこもう。

（ぼく・わたし）の長所は、

（ぼく・わたし）の短所は、

3 家族をしょうかいする①

家族をしょうかいする文章の書き方

あなたの家族のことをしょうかいする文章を書いてみましょう。

① しょうかいする家族を決めよう。

例《れい》 父・母・兄・弟・姉・妹・おじいさん・おばあさん など

② その人の様子を思いうかべてみよう。

◆どんな人かな？

例 やさしい・おとなしい・うるさい など

◆どんな人かがわかる出来事があるかな？

例 ・お父《とう》さんは野球が上手《じょうず》で、いつもキャッチボールの相手をしてくれる。

◆その人の好《す》きなところはどんなところかな？

例 ・おばあさんの、料理《りょうり》上手なところが好き。
・お兄《にい》ちゃんの、休みの日にいっしょにつりに行ってくれるところが好き。

その人の人がらがわかる出来事を、思い出してみよう。

❶ しゅうさんは、弟をしょうかいする文章を書くことに決めました。弟の様子について、次のまん画を見て、後の問題に答えましょう。

弟は、こん虫が好きなんだ。
しゅうさん▼
図かん
細かいところまでていねいにかいているなぁ……。

(1) しゅうさんの弟が好きなものは何ですか。

（　　　　　　）

(2) (1)がわかる様子を書いた次の文章の（　）に合う言葉を書きましょう。

（　　　　　　）を見ながら、よくこん虫の絵をかいている。

（　　　　　　）ところまでていねいにかいていて、びっくりした。

2 しゅうさんの弟の様子について、次のまん画を見て、後の問題に答えましょう。

弟は、こん虫がすんでいる場所や、食べている物まで、覚《おぼ》えているんだ。
日あたりのいい、畑や草地にいるよ。キャベツなどの葉を食べるんだよ。
しょう来は、こん虫はかせになりたい。
図かん

(1) しゅうさんの弟は、こん虫のどんなことまで覚えていますか。

・

・

(2) 弟は、しょう来、何になりたいと言っているでしょうか。

3 あなたの家族のことをしょうかいする文章を書きます。次の問題に答えましょう。

(1) だれについて書きますか。

(2) (1)の人は、どんな人ですか。

(3) (1)の人がらや様子がわかる出来事を書きましょう。

(4) その人のどんなところが好きですか。

4 家族をしょうかいする ②

❶ 8・9ページの❶・❷を見て、〈しゅうさんのメモ〉の（　）に合う言葉を書きましょう。うすい字はなぞりましょう。

〈しゅうさんのメモ〉

・しょうかいする家族

（　　）

・どんな人か?

二年生で、こん虫が（大好き）だ。

・人がらがわかる出来事や様子

図かんを見ながら、こん虫の（絵）をよくかいている。

（　　）まで、ていねいにかいてある。

こん虫の名前だけでなく、すんでいる（　　）や、

何を食べるかまで覚《おぼ》えている。

しょう来は（　　）になりたい。

・好《す》きなところ

自分がむちゅうになれることがあって、すごいなと思う。

❷ 〈しゅうさんのメモ〉を見ながら、〈しゅうさんの文章〉の（　）に合う言葉を書きましょう。

〈しゅうさんの文章〉

ぼくの（　　）をしょうかいします。

弟は二年生で、（　　）が大好きです。図かんを見ながら、こん虫の（　　）をよくかいています。細かいところまで（　　）にかいてあります。そして、こん虫の名前だけでなく、（　　）や、何を食べるかまで覚えています。しょう来は、（　　）になりたいそうです。

弟を見ていて、自分がむちゅうになれることがあって、（　　）と思います。

弟がどのくらいこん虫が好きなのか、様子がよく伝《つた》わってくるね。

3 あなたの家族のことをしょうかいする文章を書きます。9ページの3で書いたあなたの家族のことをメモにまとめましょう。

〈あなたのメモ〉

その人が，いつもしていることやとく意なことなどを書こう。

「どんな人か？」がわかる出来事や様子を書こう。

- しょうかいする家族
- どんな人か？
- 人がらがわかる出来事や様子
- 好きなところ

4 上の〈あなたのメモ〉を見ながら、あなたの家族をしょうかいする文章を書きましょう。

しょうかいする家族

どんな人か？

人がらがわかる出来事や様子

好きなところ

（　　　）をしょうかいします。

（　　　）は、（　　　）。

（　　　）

（　　　）

5 住んでいる町をしょうかいする①

町をしょうかいする文章の書き方

住んでいる町がどんな所で、どんな建物《たてもの》やしせつがあり、どんな行事や名物があって、どんな人たちが住んでいるかなどをしょうかいする文章を書いてみましょう。

① あなたが住んでいる町の中で、好《す》きなところや自まんできるところなどをさがして、カードに書いてみよう。

② しょうかいしたい理由も考えて、カードに書き加《くわ》えよう。

例《れい》

①大きな川がある。
②夏には、この河《か》川《せん》じきで花火大会があるから。

①古くからの商店《しょうてん》街《がい》がある。
②お祭りやもよおし物があって楽しいから。

①近くに山がある。
②春はさくらが、秋には紅葉《こうよう》がきれいだから。

①近所の人たちがやさしい。
②朝夕のあいさつや、声かけをしてくれるから。

③ 調べてわかったことや感想も書いておこう。

---

1 次のみづきさんのまん画を見て問題に答えましょう。

わたしの町を流れる緑川《みどりがわ》。
ハイキングコースを歩くととても気持ちがいいよ。

(1) みづきさんが住んでいる町は、どんな町ですか。合うほうに○をつけましょう。

ア（　）自然《しぜん》が少ない町。

イ（　）自然がいっぱいの町。

(2) 川では何をしていますか。

［　　　　］

(3) 川の周《まわ》りについて、（　）に合う言葉を書きましょう。

川の周りは（　　　　）になっていて、歩くと気持ちがいい。

◆町の中に、どんなしせつや行事、名物があるかなどを調べてみよう。

① 小学校三・四年の「社会」では、地いきの学習をするよ。副読本《ふくどくほん》や地いきの地図、し料《りょう》の中にどんなことが書かれているか見てみよう。その中に、あなたの住む町のことや関係《かんけい》あることが書かれているかもしれないよ。

② 役所や観光課《かんこうか》、町の商店街などで作っているパンフレットにも、いろいろなじょうほうが出ているので、置《お》いてあるかさがしてみよう。

③ 図書館や公民館《こうみんかん》などの公共《こうきょう》しせつにも、町やしせつを案内《あんない》するものが置かれていることがあり、参考《さんこう》になるよ。

④ インターネットは、いつでもかん単《たん》に調べることができるよ。また、最新《さいしん》のじょうほうを知ることもできるね。

〈注意〉インターネットは、じょうほうがまちがっていることもあるので、いくつかのじょうほうをかくにんして、正しいかどうかをたしかめることも必要《ひつよう》だ。

---

2 あなたの住んでいる町について、しょうかいしたいことを、〈カード〉に書き出してみましょう。

〈あなたのカード〉

① 好きなところ・自まんしたいところ

例 自然が多いところ。

② しょうかいしたい理由

例 大きい川が流れていて、魚つりや川遊び、野鳥観《かん》察《さつ》、ハイキングなどができるから。

③ 調べてわかったことや感想など

例 ゆたかな自然を守るためのほご活動もさかんだ。わたしも、町の自然を大事にしていきたい。

6 住んでいる町をしょうかいする②

❶ みづきさんは、次のような〈カード〉を作りました。うすい字をなぞりましょう。

〈みづきさんのカード〉

①好《す》きなところ・自まんしたいところ
わたしが住んでいるわか葉町《ばまち》は、（自然）がいっぱいの美しい町だ。

②しょうかいしたい理由
町の中に、緑川《みどりかわ》という（大きな川）が流れていて、そこで（魚つり）や川遊びをしたり、（野鳥）を観察《かんさつ》したりする人をよく見かけるから。川の周《まわ》りは、（ハイキングコース）になっていて、晴れた日に歩くと（気持ちがいい）から。

③調べてわかったことや感想など
ゆたかな自然《しぜん》を守るための（ほご活動）もさかんだ。わたしも、町の自然を（大事）にしていきたい。

❷ みづきさんは、上の〈カード〉をもとに、住んでいる町をしょうかいする文章を書きました。（　）に合う言葉を書きましょう。

〈みづきさんの文章〉

①好きなところ・自まんしたいところ

②しょうかいしたい理由

③調べてわかったことや感想など

わたしが住んでいるわか葉町は、（　　）がいっぱいの美しい町です。

町の中に（　　）という大きな川が流れていて、そこで魚つりや（　　）をしたり、野鳥を（　　）したりする人をよく見かけます。

また、川の周りは、（　　）になっていて、晴れた日に歩くと気持ちがいいです。

わか葉町は、（　　）ためのほご活動もさかんです。わたしも、町の自然を大事にしていきたいです。

❸ 13ページの❷の〈あなたのカード〉を見ながら、あなたが住んでいる町をしょうかいする文章を書きます。①→②→③の順番《じゅんばん》で書きましょう。

① 好きなところ・自まんしたいところ

② しょうかいしたい理由

③ 調べてわかったことや感想など

あなたの町のことについて、しょうかいしたいことを書けたかな？

7 本をしょうかいする①

あらすじをまとめてみよう

本屋さんに行くと、本の内ようやおもしろさをしょうかいする「ポップ」というものがあります。

また、本にきょうみを持ってもらうために、本にかけてある紙を「帯《おび》」といいます。

ポップと帯は、短い言葉や文章で、その本のみりょくを伝《つた》える役わりをしている。

あなたも、読んだ本のおもしろさをポップに書いて、伝えてみよう。

いろいろな本の帯やポップ

ポップにはどんなことが書いてあるのかな?
次の、みづきさんが作ったポップを見てみよう。

---

① 本のポップには、話を短くまとめた「要約《ようやく》(あらすじ)」を入れることがあります。本をしょうかいするときの要約は、あなたが、この本のポイントだと思ったところについて書きます。

(1) 上の〈みづきさんのポップ〉を見て、「話の要約」、「本のしょうかい」、「みづきさんの感想」が、それぞれア～ウのどこにあたるか、①～③の番号を書きましょう。

ア(　　) 出てくるグラタンはどれもおいしそうです。二人が歌うレシピでグラタンを作ってみたくなる本です。

イ(　　) 今回は、だんなさんのヤマさんが作った鉄道もけいの世界にまよいこみます。ヤマさんとこまったさんは、汽車に乗っているお客さんの注文に合わせていろいろなグラタンを作ります。

ウ(　　) 「こまったわ」が口ぐせのこまったさんシリーズ。

① 話の要約(あらすじ)
② 本のしょうかい
③ みづきさんの感想

〈みづきさんのポップ〉

きょうみをひくキャッチコピーや、心に残《のこ》った一文を本から引用して書く。

おいしいグラタンの作り方，読めます。

「こまったさんのグラタン」

寺村輝夫《てらむらてるお》　作　岡本颯子《おかもとさつこ》　絵　（あかね書房《しょぼう》）

「こまったわ」が口ぐせのこまったさんシリーズ。

今回は，だんなさんのヤマさんが作った鉄道もけいの世界にまよいこみます。ヤマさんとこまったさんは，汽車に乗っているお客さんの注文に合わせていろいろなグラタンを作ります。

出てくるグラタンはどれもおいしそうです。

二人《ふたり》が歌うレシピでグラタンを作ってみたくなる本です。

本の題名，作者・筆者名，本の発行所の名前など。

本のかん単《たん》なあらすじや感想を書く。

内ように合った絵をかいてもよい。

---

(2) 次の文章は、〈みづきさんのポップ〉の、本のあらすじについて書いた部分です。合っているものには○、まちがっているものには×を書きましょう。

〈みづきさんのポップ〉のあらすじ

今回は、だんなさんのヤマさんが作った鉄道もけいの世界にまよいこみます。ヤマさんとこまったさんは、汽車に乗っているお客さんの注文に合わせていろいろなグラタンを作ります。

① （　　） 自分の感想とまぜて書いている。

② （　　） 物語の中心となる登場人物が、何をするかについて書いている。

③ （　　） 物語で、どんな出来事が起こるかについて書いている。

④ （　　） 物語の結末《けつまつ》について書いている。

8 本をしょうかいする❷

❶ 17ページの〈みづきさんのポップ〉を参考《さんこう》に、あなたが読んだ本のポップを書いてみましょう。

(1) 読んだ本について、読書記録《きろく》を書きましょう。

例《れい》

本の題名	こまったさんのグラタン
作者	寺村輝夫《てらむらてるお》　作／岡本颯子《おかもとさつこ》　絵
感想	出てくるグラタンはどれもおいしそうです。二人《ふたり》が歌うレシピでグラタンを作ってみたくなる本です。

〈あなたの読書記録〉

本の題名	
作者	
感想	

(2) 読んだ本のあらすじをまとめてみましょう。

〈みづきさんのあらすじ〉

今回は、だんなさんのヤマさんが作った鉄道もけいの世界にまよいこみます。ヤマさんとこまったさんは、汽車に乗っているお客さんの注文に合わせていろいろなグラタンを作ります。

あらすじを書くときは、
・中心となる登場人物が、「いつ」「どこで」「何を」したのかをまとめる。
・どんな出来事が起きたかを書く。
といいよ！

〈あなたのあらすじ〉

(3) 〈あなたのポップ〉を書いてみましょう。

◆キャッチコピーの書き方
・心に残《のこ》った文を引用する。
・心に残った場面から，自分がポイントだと思った部分を決めて書く。
・見た人が「どんな本なのだろう？」と，きょうみを持つようにくふうする。

〈あなたのポップ〉

心に残った文章や，
キャッチコピーを入れてみよう！

「　　　　　　　　　　　」

題名

作者や画家，本の
発行所の名前など

あらすじと感想

絵をかいて
みよう

最後《さいご》には，「読んでみてください」のように，
本をすすめる言葉を入れるのもいいね！

9 読書感想文を書く①

本を読んだら、読書感想文を書きましょう。読書感想文は、はじめ→中→終わりの組み立てで書きましょう。

読書感想文の書き方

はじめ	中	終わり
・その本を選《えら》んだ理由 ・登場人物の説明《せつめい》、あらすじ	・心に残《のこ》ったところ ・心に残った理由 ・その部分を読んで思ったこと	・本を読んで、強く思ったこと ・本を読んで、やってみたくなったこと

① 本を読みながら、心に残ったところがあったら、しおりをはさんだり、ふせんをはったりして、後で見つけやすくしておくと便利《べんり》だよ。

② はじめ・中・終わりで〈メモ〉を作ろう。

③ 作った〈メモ〉をもとに読書感想文を書こう。

---

① 好きな本を選んで読みましょう。読んだ本の題名と作者を書きましょう。

〈みづきさんの読んだ本〉

題名 〔魔女《まじょ》の宅急便《たっきゅうびん》〕

作者 〔角野《かどの》栄子《えいこ》〕

絵(画) 〔林明子《はやしあきこ》〕

『魔女の宅急便』角野栄子作、林明子画(福音館書店《ふくいんかんしょてん》)

〈あなたの読んだ本〉

題名 〔　　　〕

作者 〔　　　〕

絵(画) 〔　　　〕

どんな本を読んだらいいかまよったら、好《す》きな動物や食べ物が出てくる本や、表紙や題名を見て、おもしろそうだなと思った本を選んでみるといいよ。以前《いぜん》読んで、おもしろかった本でもいいよ！

② みづきさんは、次のようなメモを作りました。うすい字をなぞりましょう。

〈みづきさんのメモ〉

はじめ

あらすじと、本を読んだきっかけを書いたよ。

・十三さいの魔女のキキが、ひとり立ちをするために魔女のいない町で一人《ひとり》ぐらしをする話。
・えい画がおもしろかったので、本も（読んでみたいと思った）。

中

いちばん心に残った場面について書いたよ。

・（いちばん心に残ったのは）、列車からおろしわすれてしまった楽器《がっき》を、コンサートに間に合うように野外音楽堂《どう》にとどけるところ。
・「がんばれ、キキ！」と思いながら読んだ。

終わり

本を最後《さいご》まで読んで、思ったことを書いたよ。

・（この本を読んで）、わたしは、キキみたいになりたいなと思った。
・わたしは、失敗《しっぱい》したらどうしようと考えて、すぐにあきらめてしまうことがあるけど、キキみたいにどんなこともあきらめない人になりたい。

③ ①であなたが選んだ本の読書感想文を書きます。上の〈みづきさんのメモ〉を参考《さんこう》に、〈あなたのメモ〉を書きましょう。

〈あなたのメモ〉

はじめ	中	終わり

10 読書感想文を書く②

1 次の文章はみづきさんの読書感想文です。21ページの**2**の〈みづきさんのメモ〉を見て、（　）に合う言葉を書きましょう。

〈みづきさんの読書感想文〉

はじめ

わたしは、「魔女《まじょ》の宅急便《たっきゅうびん》」という本を読みました。この本は、十三さいの魔女のキキが、ひとり立ちをするために魔女のいない町で一人《ひとり》ぐらしをする（　　　　）。えい画がおもしろかったので、本も（　　　　）と思いました。

中

（　　　　）、列車からおろしわすれてしまった楽器《がっき》を、コンサートに間に合うように野外音楽堂《どう》にとどける仕事をたのまれるところです。わたしは、「がんばれ、キキ！」と（　　　　）。

終わり

（　　　　）、わたしは、キキみたいになりたい（　　　　）。わたしは、失敗《しっぱい》したらどうしようと考えて、すぐにあきらめてしまうことがよくあります。だから、キキみたいにどんなこともあきらめない人に（　　　　）。

ここでは、文の終わりを「です」「ます」でそろえて書こう。

2 21ページの**3**の〈あなたのメモ〉を見て、読書感想文を書きましょう。

〈あなたの読書感想文〉

はじめ→中→終わりで、だん落を変《か》えて書いてみよう！

11 学校生活や行事を書く①

学校生活や行事の中で、心に残《のこ》っている出来事を作文に書きましょう。

行事などの出来事を書く作文の書き方

◆出来事の作文を書く流れ

① 作文に書く、テーマを決めよう。
どんな出来事や思い出があったかを思いうかべ、そのときの出来事をくわしく書き出してみよう。

② はじめ→中→終わりという組み立てにそって、〈作文メモ〉を作ろう。

はじめ	・いつ、何をしたのか ・いつ、どんな出来事があったか
中	・出来事が起きたときの様子をくわしく書く ・そのときに感じたことや思ったことを書く
終わり	・出来事を通して、どんなことを感じて、どう思ったかを書く

① 「はじめ」に書くことを考えて、「いつ」「どんな出来事があったか」を書きましょう。

六月一日に、四年生でプールそうじをしたよ。ぼくは小プールをそうじしたよ。

〈しゅうさんのメモ〉

はじめ

・六月一日に、四年生でプールそうじをした。
・ぼくは小プールをそうじした。

〈あなたのメモ〉

はじめ

・いつ、何をしたのか
・いつ、どんな出来事があったのか

③ 〈作文メモ〉をもとに作文を書こう。

〈作文メモ〉の例《れい》を見てみよう。

〈ゆいなさんの作文メモ〉

はじめ
・四月二十一日、学校で身体そく定があった。
・みんな、体そう着に着がえて教室を出た。

中-①
・最初《さいしょ》に、体育館で身長と体重をはかった。
・前はかった時より、三センチメートルせがのびていて、うれしかった。六センチメートルものびている子がいて、うらやましかった。
・次に、多目的室《たもくてきしつ》で、し力とちょう力のけんさをした。

中-②
・わたしたちがけんさを待っていると、山本《やまもと》先生が「静《しず》かに待っていて、さすが四年生だね。成長《せいちょう》しているね。」とほめてくれた。

終わり
・身体そく定で、自分の成長を実感できた。
・もっと大きくなりたいので、好《す》ききらいなく給食《きゅうしょく》を食べようと思う。

② 中に書くことを考えて、中-①のメモを書きましょう。

〈しゅうさんのメモ〉

中-①
・かべをたわしでこすったら、茶色いよごれがたくさん付《つ》いていた。
・よごれはそんなに力を入れなくても落ちたけど、かべの下をこするときは、少しつかれた。

中で書きたい出来事がいくつかあるときは、それごとにメモをまとめると、わかりやすいね。

〈あなたのメモ〉

中
・出来事が起きたときの様子をくわしく書く
・そのときに感じたことや思ったことを書く

12 学校生活や行事を書く②

（25ページの続《つづ》き）

3 中-①以外《いがい》の中の内ようを考えて、中-②のメモを書きましょう。

中-②

〈しゅうさんのメモ〉

・持ち手がついたブラシで、底《そこ》をこすった。
・よごれがどんどん取れて、茶色だったプールが水色になっていくのが気持ちよかった。

中-②

〈あなたのメモ〉

4 終わりに書くことを考えて、「出来事を通して感じたこと」「出来事の感想」を書きましょう。

終わり

〈しゅうさんのメモ〉

・ぴかぴかになったプールを見て、とてもうれしくなった。
・自分たちできれいにしたプールで、早く泳ぎたいと思った。

終わり
・出来事を通して、どんなことを感じて、どう思ったかを書く

〈あなたのメモ〉

5 〈しゅうさんの作文メモ〉の（　　）に合う言葉を書きましょう。

〈しゅうさんの作文メモ〉

はじめ

・（　　）に、四年生で（　　）をした。
・ぼくは小プールをそうじした。

24ページの①を見よう。

中

・かべをたわしでこすったら、茶色いよごれがたくさん付《つ》いていた。
・よごれはそんなに力を入れなくても落ちたけど、かべの下をこするときは、（　　）。

25ページの②を見よう。

・持ち手がついたブラシで、底をこすった。
・よごれがどんどん取れて、茶色だったプールが水色になっていくのが（　　）。

26ページの③を見よう。

終わり

・（　　）になったプールを見て、とてもうれしくなった。
・自分たちできれいにしたプールで、早く泳ぎたいと思った。

26ページの④を見よう。

6 上の、〈しゅうさんの作文メモ〉を見て、次の〈しゅうさんの作文〉の（　　）に合う言葉を書きましょう。うすい字はなぞりましょう。

〈しゅうさんの作文〉

　六月一日に、四年生でプールそうじをしました。ぼくは、小プールをそうじしました。
（まず）、かべをたわしでこすったら、茶色いよごれがたくさん付いていました。よごれはそんなに力を入れなくても落ちたけれど、かべの下をこするときは、少しつかれました。
（次に）、持ち手がついたブラシで、底をこすりました。（すると）、よごれがどんどん取れて、茶色だったプールが水色になっていくのが気持ちよかったです。
　ぴかぴかになったプールを見て、ぼくはとても（　　）。
　自分たちできれいにしたプールで、早く泳ぎたいと思いました。

13 学校生活や行事を書く③

❶ 24〜26ページで書いた、〈あなたのメモ〉をまとめましょう。

〈あなたの作文メモ〉

はじめ	中-①	中-②	終わり
24ページ❶のメモ	25ページ❷のメモ	26ページ❸のメモ	26ページ❹のメモ

❷ 右ページの〈あなたの作文メモ〉を見て、作文を書きましょう。

はじめ
中-①
中-②
終わり
の組み立てで、それぞれをだん落に分けて書こう。

14 見学したことを書く①

見学してわかったことを伝《つた》える作文の書き方

市役所・けい察《さつ》しょ・博物館《はくぶつかん》など、身の回りにあるいろいろな所を見学したことを作文にします。

見学から作文を書くまでの流れ

① 見学するとき

・見たことや、話を聞いたこと、気づいたことなどを書きとめて、〈見学メモ〉を作ろう。

・し料《りょう》やパンフレットがあれば、もらってこよう。

② 見学から帰ってきたら

・見学中に書いたメモから、作文に書くことを考えて〈作文メモ〉を作ろう。

・持ち帰ったし料があれば、参考《さんこう》にしよう。

◆文章の組み立て

はじめ	・見学した日時や場所
中	・見学してわかったこと（見たこと、聞いたこと）
終わり	・見学した感想

③ 〈作文メモ〉をもとに作文を書く。

〈しゅうさんの見学メモ〉

はじめ

・見学した日時や場所

・十月六日　・清そう工場

・もやせるごみをしょ理する工場。

中

・見学してわかったこと〈見たこと〉

動画

・集められたごみがどのようにしょ理されるかを説明する動画を見た。

ごみバンカの見学

・しゅう集車がごみを落とすごみバンカは、とても（大きく）て、（深さ）は十六メートルもある。

焼きゃくろの見学

・焼きゃくろの中の様子を見た。

・（オレンジ）色の火が、すごいいきおいでもえていた。中の温度は（八五〇）度にもなる。

❶ しゅうさんは、清《せい》そう工場へ見学に行きました。次のまん画を見て、下の〈しゅうさんの見学メモ〉の（　）に合う言葉を書きましょう。うすい字はなぞりましょう。

〈清そう工場見学の様子〉

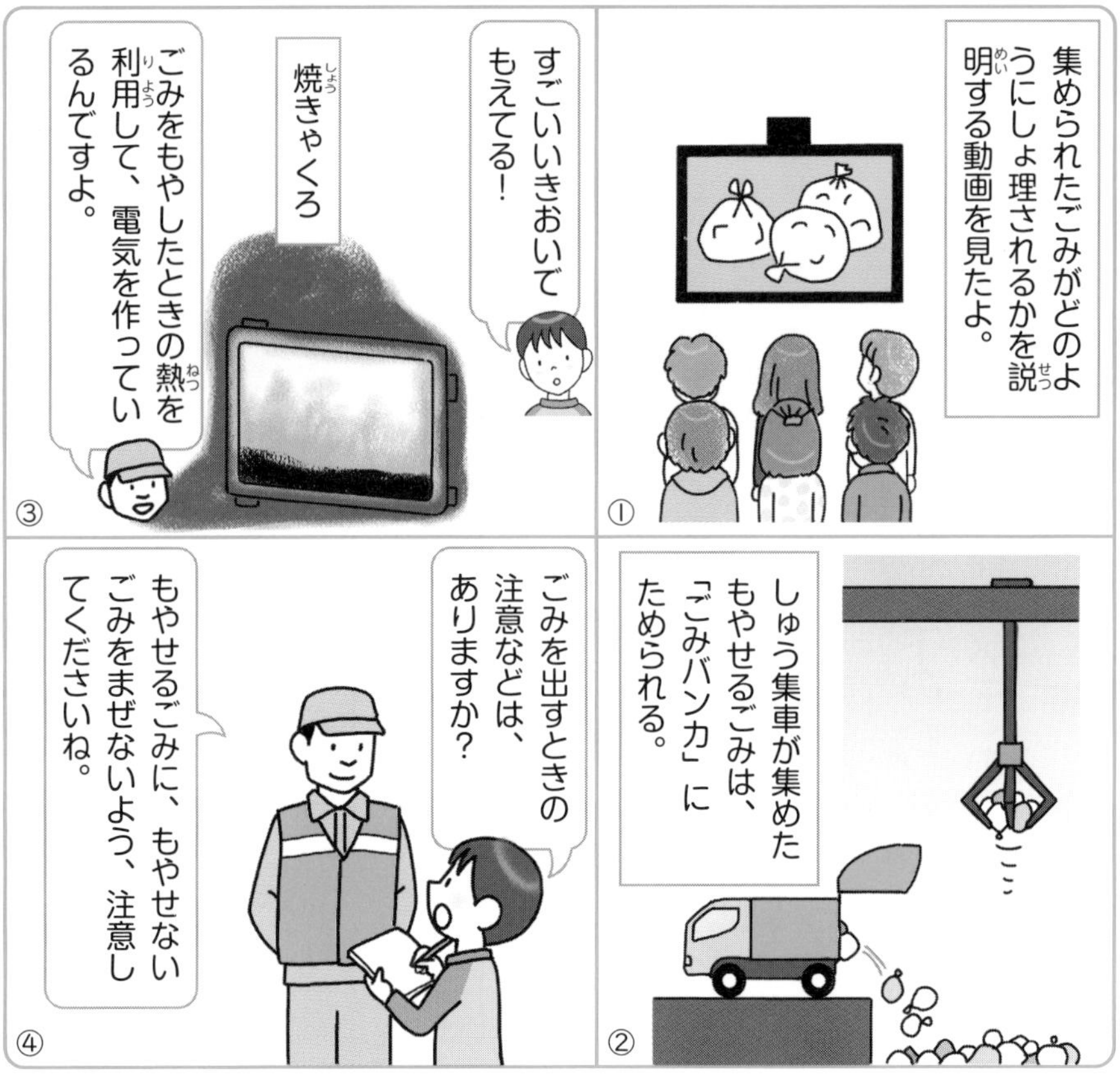

①
集められたごみがどのようにしょ理されるかを説《せつ》明《めい》する動画を見たよ。
②
しゅう集車が集めたもやせるごみは、「ごみバンカ」にためられる。
③
すごいいきおいでもえてる！
焼《しょう》きゃくろ
ごみをもやしたときの熱《ねつ》を利《り》用《よう》して、電気を作っているんですよ。
④
ごみを出すときの注意などは、ありますか？
もやせるごみに、もやせないごみをまぜないよう、注意してくださいね。

終わり

〈聞いたこと〉

工場の人のお話

・この工場では、（　　　　）をもやしたときの熱を利用して（電気）を作り出していて、それを工場で使っているそうだ。

・ぼくは、とてもいい仕組みだと思った。

・家庭ごみを出すときは、金ぞくなどの（もやせない）ごみをまぜないように注意してほしいと話していた。

●見学した感想

・清そう工場には、ごみをもやす焼きゃくろだけでなく、有害《ゆうがい》な物質《ぶっしつ》を取りのぞくせつびや、（　　　　）を作り出すせつびがあると知って、とてもおどろいた。

・工場の人が教えてくれた、ごみを出すときの（　　　　）を家族にも伝えようと思った。

15 見学したことを書く②

〈作文メモ〉の組み立て

はじめ	見学した日時や場所（いつ、どこへ行ったか）
中	見学してわかったこと（見たこと、聞いたこと）
終わり	見学した感想

この組み立てで〈作文メモ〉を作るよ。〈見学メモ〉をもとに、文章の順《じゅん》じょを考えたり、説明《せつめい》を加《くわ》えたりして、文章に書くことを決めよう。

1 〈しゅうさんの見学メモ〉と下の〈しゅうさんの話〉を見て、〈しゅうさんの作文メモ〉の（　　）に合う言葉を書きましょう。

〈しゅうさんの見学メモ〉

● 見学した日時や場所
・十月六日　・清《せい》そう工場
・もやせるごみをしょ理する工場。

● 見学してわかったこと
〈見たこと〉

〈しゅうさんの話〉

はじめに、「見学する前に知りたいと思っていたこと」を付《つ》け加《くわ》えるよ。ぼくは、かんきょうにやさしい取り組みがあるのかどうか、気になっていたんだ。

〈しゅうさんの作文メモ〉

はじめ

● 見学した日時や場所
・十月六日に（　　　　）を見学した。
・もやせるごみをしょ理する工場だ。

● 見学する前に知りたいと思っていたこと
・（　　　　）
取り組みがあるのかどうか知りたかった。

中

● 見学してわかったこと
・はじめに、集められているごみがどのようにしょ理されるかを説明する動画を見た。
・次に、しゅう集車がごみを落とす

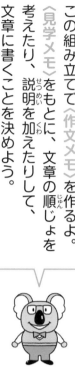

動画

・集められたごみがどのようにしょ理されるかを説明する動画を見た。

ごみバンカの見学

・しゅう集車がごみを落とすごみバンカは、とても大きくて、深さは十六メートルもある。

焼《しょう》きゃくろの見学

・焼きゃくろの中の様子を見た。

・オレンジ色の火が、すごいいきおいでもえていた。中の温度は、八五〇度にもなる。

〈聞いたこと〉

工場の人のお話

・この工場では、ごみをもやしたときの熱《ねつ》を利用《りよう》して、電気を作り出して、それを工場で使っているそうだ。

・ぼくは、とてもいい仕組みだと思った。

・家庭ごみを出すときは、金ぞくなどのもやせないごみをまぜないように注意してほしいと話していた。

●見学した感想

・清そう工場には、ごみをもやす焼きゃくろだけでなく、有害《ゆうがい》な物質《ぶっしつ》を取りのぞくせつびや、電気を作り出すせつびがあると知って、とてもおどろいた。

・工場の人が教えてくれた、ごみを出すときの注意を家族にも伝《つた》えようと思った。

終わり

（　　　　）を見た。ごみバンカはとても大きくて、深さは十六メートルもある。

・その後、焼きゃくろの（　　　　）を見た。

・オレンジ色の火が、ものすごいいきおいでもえていて、中の温度は八五〇度にもなる。

・この工場では、ごみをもやしたときの熱を利用して電気を作り出していて、その電気を工場で使っているそうだ。

・ぼくは、かんきょうにもやさしくて、（　　　　）だと思った。

・最後《さいご》に、工場の人が話をしてくれた。家庭ごみを出すときは、金ぞくなどのもやせないごみをまぜないように注意してほしいと話していた。

●見学した感想

・清そう工場には、ごみをもやす焼きゃくろ（　　　　）、有害な物質を取りのぞくせつびや、電気を作り出すせつびがあると知って、とてもおどろいた。

・工場の人が教えてくれた、ごみを出すときの注意を家族にも（　　　　）。

16 見学したことを書く③

❶〈しゅうさんの作文メモ〉を見て、〈しゅうさんの作文〉の（　）に合う言葉を書いて、作文を完成《かんせい》させましょう。うすい字はなぞりましょう。

〈しゅうさんの作文メモ〉

はじめ	●見学した日時や場所 ・十月六日に清《せい》そう工場を見学した。 ・ここは、もやせるごみをしょ理する工場だ。 ●見学する前に知りたいと思っていたこと ・かんきょうにやさしい取り組みがあるのかどうか知りたかった。
中	●見学してわかったこと ・はじめに、集められたごみがどのようにしょ理されるかを説明《せつめい》する動画を見た。 ・次に、しゅう集車がごみを落とすごみバンカを見た。ごみバンカはとても大きくて、深さは十六メートルもある。 ・その後、焼《しょう》きゃくろについたまどから、中の様子を見た。オレンジ色の火が、ものすごいいきおいでもえていて、中の温度は八五〇度にもなる。 ・また、この工場では、ごみをもやしたときの熱《ねつ》を利用《りよう》して電気を作り出して、その電気を工場で使っているそうだ。 ・ぼくは、かんきょうにもやさしくて、とてもいい仕組みだと思った。 ・最後《さいご》に、工場の人が話をしてくれた。家庭ごみを出すときは、金ぞくなどのもやせないごみをまぜないように注意してほしいと話していた。
終わり	●見学した感想 ・清そう工場には、ごみをもやす焼きゃくろだけでなく、有害《ゆうがい》な物質《ぶっしつ》を取りのぞくせつびや、電気を作り出すせつびがあると知って、とてもおどろいた。 ・工場の人が教えてくれた、ごみを出すときの注意を家族にも伝《つた》えようと思った。

文の終わりは、「です」「ます」にそろえて書くよ。

「くれました」は、「くださいました」と、けい語を使って書いてみたよ。

清そう工場の見学

早坂《はやさか》　しゅう

ぼくは、（　　　　）を見学しました。

ここは、もやせるごみをしょ理する工場です。ぼくは、かんきょうにやさしい取り組みがあるのかどうか知りたいと思っていました。

（　　　　）、集められたごみがどのようにしょ理されるかを説明する動画を見ました。

（　　　　）、しゅう集車がごみを落とすごみバンカを見ました。ごみバンカはとても大きくて、深さは十六メートルもあります。

（　　　　）、焼きゃくろについたまどから、中の様子を見ました。オレンジ色の火が、ものすごいいきおいでもえていて、中の温度は八五〇度にも（　　　　）。

また、この工場では、

（　　　　）

その電気を工場で使っているそうです。

ぼくは、かんきょうにもやさしくて、とてもいい取り組みだと思いました。

（　　　　）、工場の人が話をして（くださいました）。

家庭ごみを出すときは、金ぞくなどのもやせないごみをまぜないように注意してほしいと話していました。

ぼくは、清そう工場を（見学して）、清そう工場には、ごみをもやす焼きゃくろだけでなく、有害な物質を取りのぞくせつびや、電気を作り出すせつびがあると知って、とてもおどろきました。

そして、

（　　　　）

17 見学したことを書く④

① あなたが見学したことの〈作文メモ〉を作ります。34ページの〈しゅうさんの作文メモ〉を参《さん》考《こう》に書きましょう。

〈あなたの作文メモ〉

はじめ

・見学した日時や場所

・見学する前に知りたいと思っていたこと

中

・見学してわかったこと

終わり

・見学した感想

社会科見学で行った所だけでなく、家族でたずねた場所について書いてもいいね。
図書館など、身近なしせつでもいいよ。見学先の人の話を聞けないときは、パンフレットなどを見て、知りたいことを調べてみよう。

❷ 右ページの❶の〈あなたの作文メモ〉を見て、作文を書きましょう。

〈あなたの作文〉

題名

名前

18 今、取り組んでいることを書く①

力を入れていることや目標《もくひょう》を伝《つた》える文章の書き方

今、取り組んでいることを作文に書くために、力を入れていることや目標を〈メモ〉にします。次の内ようを〈メモ〉に書き出しましょう。

はじめ

① 取り組んでいること、取り組んだきっかけや理由を書こう。

例《れい》
・スポーツ　・楽器《がっき》
・げいじゅつ(絵、書道　など)
・そのほか(ゲーム、プラモデル、料理《りょうり》　など)

中

② 取り組んでいることの中で、力を入れていることを書こう。

例
・水泳…うでをうまく動かす練習。
・イラスト…人の顔や表じょうをかく練習。

終わり

③ どうなりたいか・どうしたいか(目標)を書こう。

例
・水泳…大会でいいタイムを出したい。
・イラスト…自分でストーリーも考えて、まん画をかいてみたい。

---

1 はじめは、「取り組んでいること」「取り組んだきっかけや理由」について書きます。

わたしは、クラブでバドミントンをがんばっているよ。オリンピックの試合を見て感動したから、四年生になったらぜっ対にクラブに入りたいと思っていたんだ。

〈みづきさんのメモ〉

はじめ
・クラブでバドミントンをがんばっている。
・オリンピックの試合を見て感動したので、四年生になったらぜっ対にクラブに入りたいと思っていた。

(1) あなたの作文のはじめにあたる内ようを、左のメモに書きましょう。

〈あなたのメモ〉

はじめ

みづきさんが書いた作文を読んでみよう。

〈みづきさんの作文〉

バドミントン

木村《きむら》　みづき

わたしは、クラブでバドミントンをがんばっています。オリンピックでバドミントンの試合《しあい》を見て感動したので、四年生になったらぜっ対にクラブに入りたいと思っていました。

今は、特《とく》に最初《さいしょ》のサーブがいいところに入るように気をつけて練習しています。また、コートの後ろの方から打っても、相手のコートにとどくように、強く打つ練習もしています。

クラブの仲間《なかま》と、何回ラリーが続《つづ》くかちょう戦《せん》するのが楽しいです。だから、どんな球が来ても打ち返せるようになりたいです。もっと上達《じょうたつ》したら、試合で思いっきりスマッシュを打ちたいです。

あなたも、今、好《す》きで取り組んでいることについて、書いてみよう！

2 **中**は、「取り組んでいることの中で、力を入れていること」について書きます。

〈みづきさんのメモ〉

中

・最初のサーブがいいところに入るように気をつけて練習している。
・コートの後ろの方から打っても、相手のコートにとどくように、強く打つ練習もしている。

(1) あなたの作文の**中**にあたる内ようを、左のメモに書きましょう。

〈あなたのメモ〉

中

19 今、取り組んでいることを書く②

（39ページの続《つづ》き）

3 終わりは、「どうなりたいか・どうしたいか」について書きます。

〈みづきさんのメモ〉

終わり

・クラブの仲間《なかま》と、何回ラリーが続《つづ》くかちょう戦《せん》するのが楽しい。
・どんな球が来ても、打ち返せるようになりたい。
・もっと上達《じょうたつ》したら、試合《しあい》で思いっきりスマッシュを打ちたい。

(1) あなたの作文の終わりにあたる内ようを、左のメモに書きましょう。

〈あなたのメモ〉

終わり

4 38〜40ページで書いた〈あなたのメモ〉を、まとめましょう。加《くわ》えたいことや順番《じゅんばん》を変《か》えたいところはここで直しましょう。

〈あなたの作文メモ〉

はじめ	中	終わり

5 右ページの**4**の〈あなたの作文メモ〉を見て、作文を書きましょう。

はじめ
取り組んでいること、取り組んだきっかけや理由

中
取り組んでいることの中で、力を入れていること

終わり
どうなりたいか・どうしたいか
（目標《もくひょう》）

39ページの〈みづきさんの作文〉を参考《さんこう》にして、文をつなぐ言葉に気をつけて書こう！

20 もっと勉強、研究したいことを書く①

もっと勉強、研究したいことを伝《つた》える文章の書き方

もっと勉強、研究してみたいことを作文に書くために、きっかけや具体的《ぐたいてき》な内ようを〈メモ〉にします。次の内ようを〈メモ〉に書き出しましょう。

はじめ

① もっと勉強、研究したいことを書こう。

例《れい》・きょうりゅうについて、もっと研究したい。

中

② もっと勉強、研究したいと思ったきっかけや理由を書こう。

例・テレビで、今まで見つかっていなかったきょうりゅうの化石を発見したというニュースを見たから。

終わり

③ 具体的に調べてみたいことや、行ってみたい場所を書こう。

例・化石がよく発見される場所に行って、調べてみたい。

---

1 はじめは、「もっと勉強、研究したいこと」について書きます。

ぼくは、星や星座のことをもっと勉強したいな。

〈しゅうさんのメモ〉

はじめ

・星や星座のことをもっと勉強したい。

(1) あなたの作文のはじめにあたる内ようを、左のメモに書きましょう。

〈あなたのメモ〉

はじめ

いつも気になっていることや、もっと知りたいことは何かな？

しゅうさんが書いた作文を読んでみよう。

〈しゅうさんの作文〉

星や星座《せいざ》について知りたい

早坂《はやさか》　しゅう

　ぼくは、星や星座のことをもっと勉強したいです。なぜなら、理科の星のじゅ業でプラネタリウムに行ったときに見た星空がきれいで、強く心に残《のこ》ったからです。また、そのときに聞いた星座についての話がとてもおもしろくて、もっと知りたいと思ったからです。

　季節《きせつ》ごとに見える星座が変《か》わるので、本などでその季節の星座を調べて、一年を通していろいろな星座を見てみたいです。そして、昔の人がしていたみたいに、自分で星と星を線でつないで、新しい星座の形を考えてみたいです。

あなたも、もっと勉強、研究してみたいことについて書いてみよう！

---

2 中は、「もっと勉強、研究したいと思ったきっかけや理由」について書きます。

〈しゅうさんのメモ〉

中

・理科の星のじゅ業でプラネタリウムに行ったときに見た星空がきれいで、強く心に残ったから。
・そのときに聞いた星座についての話がおもしろくて、もっと知りたいと思ったから。

(1) あなたの作文の中にあたる内ようを、左のメモに書きましょう。

〈あなたのメモ〉

中

21 もっと勉強、研究したいことを書く②

❸（43ページの続《つづ》き）

終わりは、「具体的《ぐたいてき》に調べてみたいことや、行ってみたい場所」について書きます。

〈しゅうさんのメモ〉

終わり

・季節《きせつ》ごとに見える星座《せいざ》が変《か》わる。
・一年を通していろいろな星座を見てみたい。
・昔の人がやったみたいに、自分で星と星を線でつないで、新しい星座を考えてみたい。

(1) あなたの作文の終わりにあたる内ようを、左のメモに書きましょう。

〈あなたのメモ〉

終わり

❹ 42～44ページで書いた〈あなたのメモ〉を、まとめましょう。加《くわ》えたいことや順番《じゅんばん》を変《か》えたいところはここで直しましょう。

〈あなたの作文メモ〉

はじめ	中	終わり

5 右ページの4の〈あなたの作文メモ〉を見て、作文を書きましょう。

はじめ もっと勉強、研究したいこと

中 もっと勉強、研究したいと思ったきっかけや理由

終わり 具体的に調べてみたいことや、行ってみたい場所

43ページの〈しゅうさんの作文〉も参考《さんこう》にして、中は「なぜなら(どうしてかというと)〜からです。」の言い方で書いてみよう。

22 動植物を世話したことを書く①

育てたことや世話したことをしょうかいする作文の書き方

家や学校でかっている動物や、世話している植物などについての作文を書きます。

作文を書く前に、次のような内ようで、〈作文メモ〉を作ろう。

〈作文メモ〉

はじめ	どんな生き物を育てているか
中	・どんなふうに世話しているか ・生き物の様子
終わり	育てて思ったこと、感想

家や学校、クラスで育てている生き物はいるかな？
身近な動物や植物を思い出してみよう。

① **はじめ**は、「どんな生き物を育てているか」について書きます。

〈かずまさんのメモ〉

はじめ

・学校の花だんで花を育てている。
・花の種類は、パンジー、マリーゴールド、デイジー。
・地いきのボランティアの人に教えてもらいながら、いっしょに植えた。

(1) あなたの作文の**はじめ**にあたる内ようを、左のメモに書きましょう。

〈あなたのメモ〉

はじめ

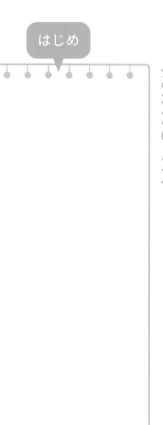

〈かずまさんの作文〉

かずまさんの書いた作文を読んでみよう！

中

みんなで世話している花だん

田中《たなか》　かずま

ぼくたちは、学校の花だんで花を育てています。種類《しゅるい》は、パンジーとマリーゴールドとデイジーで、地いきのボランティアの人に教えてもらいながら、いっしょに植えました。

朝、クラスの水やり当番が水やりをします。雨がふった次の日などは、土にじゅう分水があるので、水やりをしないこともあります。

この前、植物に話しかけると元気に育つらしいという話を聞いたので、「おはよう。」と声をかけながら水やりをしました。

花だんには、いろいろな色の花がさいていて、とてもきれいです。これからも、みんなで大切に育てていきたいです。

かずまさんがどんなふうに世話しているのかや、育てている花の様子がよくわかるね。

2 中は、「どんなふうに世話しているか」「生き物の様子」について書きます。

〈かずまさんのメモ〉

中

・朝、クラスの水やり当番が水やりをする。
・水やりしない日もある。
・雨がふった次の日などは、土にじゅう分水があるから、水やりしなくていい。
・この前、植物に声をかけると元気に育つらしいという話を聞いた。
・花に「おはよう。」と声をかけながら水やりした。

(1) あなたの作文の中にあたる内ようを、左のメモに書きましょう。

〈あなたのメモ〉

中

23 動植物を世話したことを書く②

（47ページの続《つづ》き）

③ 終わりは、「育てて思ったこと、感想」について書きます。

〈かずまさんのメモ〉

終わり

・花だんには、いろいろな花がさいていて、とてもきれい。
・これからも、みんなで大切に育てていきたい。

(1) あなたの作文の終わりにあたる内ようを、左のメモに書きましょう。

〈あなたのメモ〉

終わり

・

感想のほかに、育てている生き物に伝《つた》えたいことを書いてもいいよ！

④ 46〜48ページで書いた〈あなたのメモ〉を、まとめましょう。加《くわ》えたいことや順番《じゅんばん》を変《か》えたいところはここで直しましょう。

〈あなたの作文メモ〉

はじめ	中	終わり

5 右ページの4の〈あなたの作文メモ〉を見て、作文を書きましょう。

はじめ
どんな生き物を育てているか

中
・どんなふうに世話しているか
・生き物の様子

終わり
育てて思ったこと、感想

24 自由研究を発表する原こうを書く①

自由研究を発表するときの原こうの書き方

あなたが身近でぎ問に思ったことや、もっと知りたいと思ったことを調べて発表する原こうを書きましょう。

調べた内ようをメモにまとめるときは、どんなことがわかったか（どんなことがわからなかったか）を書いておこう。

みづきさんの自由研究の様子を見て、〈原こうメモ〉の書き方をたしかめるよ。

〈みづきさんの自由研究〉

①
ゲームをしてるの？楽しそうでいいわね。
②
おばあちゃんが子どものころは、どんな遊びをしていたの？
おばあちゃんが子どものころはね……。

〈原こうメモ〉

はじめ	テーマを選《えら》んだきっかけ、理由
中	・調べ方のしょうかい ・調べてわかったこと
終わり	調べ終わって気づいたこと、思ったこと

発表するときの原こうも、はじめ→中→終わりの流れで考えよう。

1 上の〈みづきさんの自由研究〉を見て、次の〈みづきさんの原こうメモ〉の（　）に合う言葉を書きましょう。うすい字はなぞりましょう。

〈みづきさんの原こうメモ〉

はじめ	●テーマ／テーマを選んだきっかけ、理由 ・昔の子どもの遊びについて調べた。 ・おばあさんと（　　　　）について話していて、昔の遊びと今の遊びはちがうなあと思ったから。
中	●調べ方 ・おばあさんから（聞いた）。

おばあさんが教えてくれた昔の遊び
おばあちゃんが小さいときは、お手玉や竹馬で、よく遊んだのよ。
そうなんだ！
③
図書館で調べた、昔の遊び
こんな風に遊ぶんだね……。
お手玉、竹馬に竹とんぼ、どれも、手作りしたんだ！器用《きよう》だなあ……。
④

	終わり
・（　　　　）の本で調べた。 ●調べてわかったこと 〈おばあさんに聞いた二つの遊び〉 ・（　　　　）…ぬのを丸い形にぬって、中にあずきや大豆《だいず》を入れたもの。これを、二つか三つ持って、歌を歌いながら投げ上げて遊ぶ。 ・竹馬…お父《とう》さんが竹を切って作ってくれたそうだ。竹馬に乗って、家から公園まで行ったり、友だちと競走《きょうそう》したりしたそうだ。 〈図書館の本で調べた遊び〉 ・（　　　　）…竹を四角くけずった羽根を、細い竹のじくに差《さ》しこんだおもちゃ。飛《と》ばして遊ぶ。子どもたちが、自分で小さいナイフを使って竹をけずって作っていたそうだ。	●調べ終わって気づいたこと、思ったこと ・手作りの遊び道具が多くておどろいた。 ・自分で遊び道具を作っていたから、昔の子どもは今の子どもよりも手先が器用だったのかもしれないと（思った）。 ・今回調べた遊びを、友達《ともだち》とやってみたいと思った。

25 自由研究を発表する原こうを書く②

発表するときのくふう・し料《りょう》の使い方

発表するときは、聞いている人に伝《つた》わるよう、くふうしましょう。

聞いている人によびかけたり、問いかけたりする言い方で発表しよう。

よびかけたり、問いかけたりする言い方

- 〜を見てください。
- 〜を聞いてください。
- これは何でしょう。
- これは何だと思いますか。
- これは何だかわかりますか。
- 〜を知っていますか。
- 〜を知りませんか。
- 〜を見たことはありませんか。

し料の使い方

調べたものをしょうかいしたり、説明《せつめい》したりするときに、聞いている人にし料を見せましょう。

- 図表
- グラフ
- 絵や写真　など

言葉だけで説明するよりも、より聞き手に伝わりやすくなり、なっとくしてもらえる発表になるよ。

❶ 50・51ページの〈みづきさんの原こうメモ〉と次のし料写真を見て、〈みづきさんの発表原こう〉の（　）に合う言葉を書きましょう。うすい字はなぞりましょう。

〈し料の写真〉

①お手玉

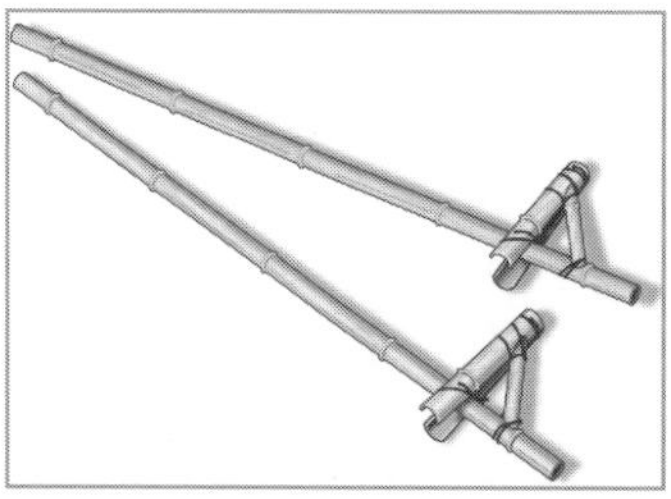
②竹馬

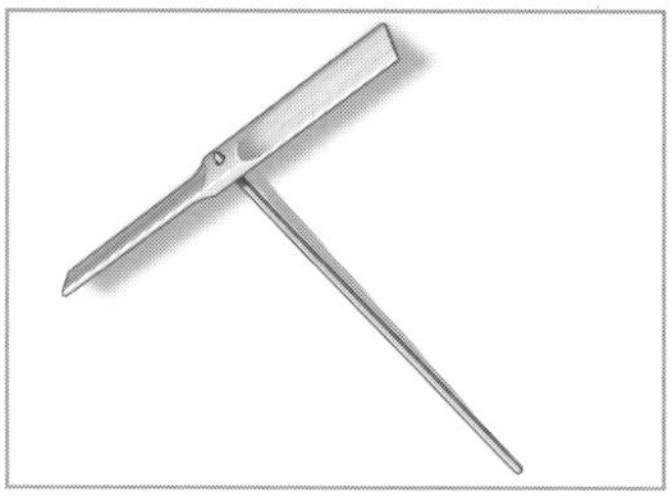
③竹とんぼ

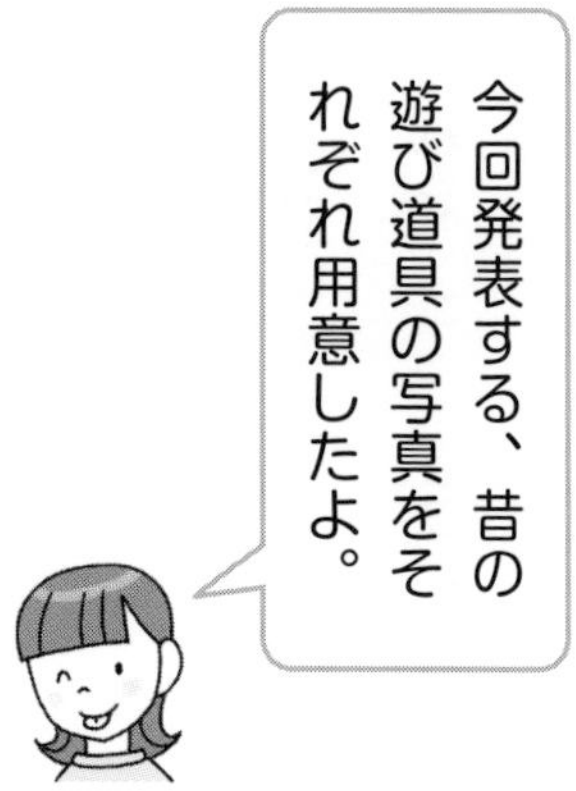
今回発表する、昔の遊び道具の写真をそれぞれ用意したよ。

〈みづきさんの発表原こう〉

これから、（わたしの自由研究の発表を始めます）。

わたしは、昔の子どもの遊びについて調べました。調べようと思った（　　　）は、おばあさんと遊びの話をしていて、おばあさんが子どものころと今とでは、子どもの遊びがちがうなあと感じたからです。

（　　　）、おばあさんから聞いた遊びについて説明します。

（みなさん）、①のおもちゃを見たことがありますか。（これはお手玉です）。ぬのを丸い形にぬって、中にあずきや大豆《だいず》を入れたおもちゃです。これを、二つか三つ持って、歌を歌いながら投げ上げて遊びます。

②の写真を見てください。これは竹馬です。わたしのおばあさんのお父《とう》さんが竹を切って作ってくれたそうです。竹馬に乗って、家から公園まで行ったり、友だちと競走《きょうそう》したりした（　　　）。

次に、（　　　）を説明します。③の写真を見てください。これは竹とんぼといって、竹を四角くけずった羽根を、細い竹のじくに差《さ》しこんだおもちゃで、飛《と》ばして遊びます。子どもたちが、自分で小さいナイフを使って竹をけずって作っていたそうです。

（昔の遊びを調べてみたら）、手作りの遊び道具が多くておどろきました。また、自分で遊び道具を作っていたので、昔の子どもは今の子どもよりも手先が器用《きよう》だったのではないかと思いました。

今回調べた昔の遊びを、わたしも友達《ともだち》とやってみたいと思いました。

（これで、わたしの発表を終わります）。

26 自由研究を発表する原こうを書く③

① あなたが自由研究を発表するためのメモを書きましょう。50・51ページの〈みづきさんの原こうメモ〉を参《さん》考《こう》にして書きましょう。また、発表に使いたいし料《りょう》があれば、下にメモを書きましょう。

〈あなたのメモ〉

はじめ

・テーマ／テーマを選《えら》んだきっかけ、理由

中

・調べ方／調べてわかったこと

終わり

・調べ終わって気づいたこと、思ったこと

・あなたのし料

発表するときに見せたい写真や絵，図やグラフなどを具《ぐ》体的《たいてき》にメモしておこう。

❷ 右ページの❶の〈あなたのメモ〉を見て、自由研究を発表する文章を書きましょう。

27

体《たい》験《けん》したことを書く①

体験したことを伝《つた》える作文の書き方

あなたが体験して、心に残《のこ》った出来事を作文に書きます。次のような順番《じゅんばん》で、書く内ようを考えましょう。

① 心に残っていることから、話題を決めよう。

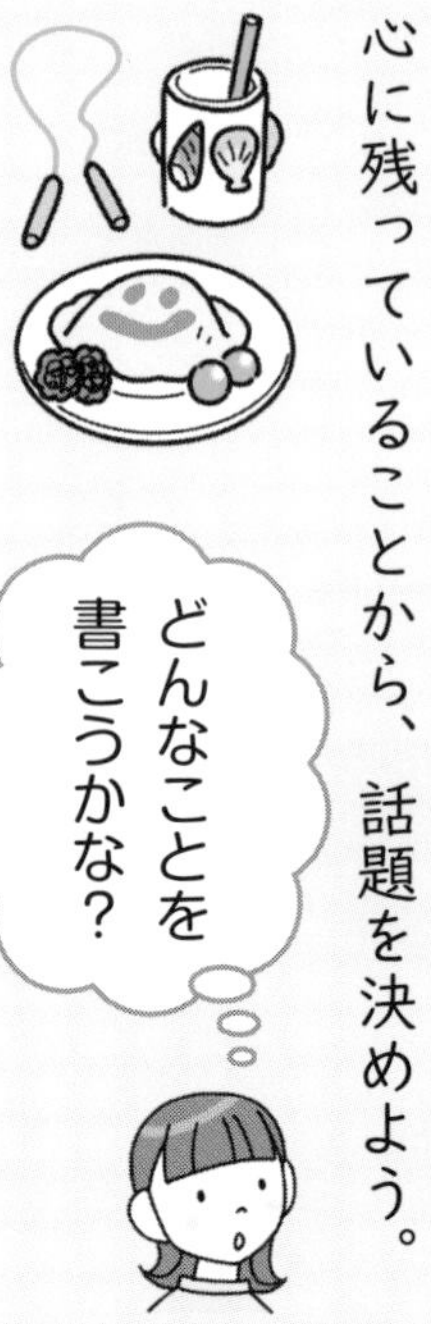
どんなことを書こうかな?

② そのときの様子や自分の気持ちを思い出して、書き出そう。

むずかしかったこと、楽しかったことなど、くわしく書き出してみよう!

③ 書き出した中から、いちばん伝えたいことを選《えら》び、〈作文メモ〉を作って話を組み立てよう。

④ 〈作文メモ〉をもとにして作文を書こう。

出来事を順じょどおりに書いていこう。

1 はじめは、「いつ、どこで、どんな体験をしたか」を書きます。

①
交差《こうさ》とび、十三回しかとべないな。
目標は交差とび二十回!
②
十五回までとべた。
③
野村《のむら》さんが教えてくれたよ。
④
二十六回とべたよ!

〈みづきさんのメモ〉

はじめ
・木曜日の昼休みになわとびをした。

(1) あなたの作文のはじめにあたる内ようを、次のメモに書きましょう。

〈あなたのメモ〉

はじめ

〈作文メモ〉

はじめ	いつ、どこで、どんな体験をしたか
中	体験したことのくわしい内よう ・はじめに何があったか ・次に何があったか （いくつかある時もある） ・最後《さいご》にどうしたか、どうなったか
終わり	体験して思ったこと、感想

◆順じょを表す言葉

はじめに何があったか	はじめに／まず／最初《さいしょ》に　など
次に何があったか	次に／それから／そのあと／～した後で　など
最後に何をしたか、どうなったか	最後に／終わりに　など

目標《もくひょう》を達成《たっせい》できてうれしかったから、木曜日の昼休み、なわとびをしたときのことを書こうかな。

② 中は、「体験したことのくわしい内よう」を書きます。

中

〈みづきさんのメモ〉

・目標は交差とび二十回。十三回しかとべなかった。
・野村さんと二人《ふたり》で練習したら、十五回までとべた。
・野村さんがアドバイスをしてくれた。
・そのとおりにやったら、二十六回もとべた。

(1) あなたの作文の中にあたる内ようを、次のメモに書きましょう。

〈あなたのメモ〉

中

28 体《たい》験《けん》したことを書く②

（57ページの続《つづ》き）

3 終わりは、「体験して思ったこと、感想」を書きます。

〈みづきさんのメモ〉

終わり

・目標《もくひょう》が達成《たっせい》できて本当にうれしかった。
・次は、交差《こうさ》とび三十回と二重とびにちょう戦《せん》したい。

(1) あなたの作文の終わりにあたる内ようを、次のメモに書きましょう。

〈あなたのメモ〉

終わり

次は、ここまで作ってきた〈あなたのメモ〉を見直しながらまとめるよ。

4 56〜58ページで書いた〈あなたのメモ〉を、まとめましょう。加《くわ》えたいことや順番《じゅんばん》を変《か》えたいところはここで直しましょう。

〈あなたの作文メモ〉

はじめ	中	終わり

❺ 右ページの❹の〈あなたの作文メモ〉を見て、作文を書きましょう。

はじめ いつ、どこで、どんな体験をしたか

中 体験したことのくわしい内よう

57ページを参考《さんこう》に、**中**は、**「まず」「次に」「最後《さいご》に」**などの言葉を使って、出来事の順番を表そう！

終わり 体験して思ったこと、感想

29 地いきの活動について書く①

地いきの活動について伝《つた》える作文の書き方

お祭りやボランティア活動など、地いきの行事や活動に参加《さんか》したり、地いきの人と交流したりしたときのことを作文に書きましょう。

次のような内ようで、〈作文メモ〉を作ろう。

〈作文メモ〉

はじめ	いつ、どこで、どんな活動に参加したか
中	・活動に参加したときの様子 ・参加しているときの出来事 ・いっしょに参加した人たちの様子
終わり	参加して思ったこと、感想

例《たと》えば、夏祭り、清《せい》そう活動、老人《ろうじん》クラブでのお年よりとの交流などの活動について書いてみよう。

---

① はじめは、「いつ、どこで、どんな活動に参加したか」を書きます。

〈ひろとさんのメモ〉

はじめ

・五月三十日に、お父さん、お母さん、お姉ちゃんと、海岸のごみ拾いに参加した。

ひろとさんは「だれと」についても書いている。様子が、読んだ人により伝わるね。

(1) あなたの作文のはじめにあたる内ようを、次のメモに書きましょう。

〈あなたのメモ〉

はじめ

② 中は、「活動に参加したときの様子」などを書きます。

〈ひろとさんのメモ〉

次の、ひろとさんの作文を読んでみよう。

〈ひろとさんの作文〉

海岸のごみ拾い

森田《もりた》　ひろと

五月三十日に、お父《とう》さん、お母《かあ》さん、お姉《ねえ》ちゃんと、海岸のごみ拾いに参加しました。

朝の九時半ごろに海岸に着くと、たくさんの人が集まっていました。受付《うけつけ》で、ごみぶくろとごみをつかむための長いトングをもらいました。

最初《さいしょ》に、係の人が、注意点などを説明《せつめい》してくれました。それから、みんなすなはまに散《ち》らばって、どんどんごみを拾い始めました。すなにうまってなかなか取れないごみを手で取ろうとしたら、近くにいたお兄《にい》さんが、

「トングの後ろですなをほるといいよ。けがに気をつけてね。」

と、声をかけてくれました。

最後には、集まったごみのふくろが山のように積《つ》み上がっていて、おどろきました。

ぼくは、みんなが海岸をきれいにしようと思って活動するのは、とてもいいことだと思いました。また参加したいです。

中

- 朝の九時半ごろに海岸に着いた。
- たくさんの人が集まっていた。
- 受付で、ごみぶくろとごみをつかむための長いトングをもらった。
- 最初に、係の人の説明を聞いた。注意点など。
- すなにうまってなかなか取れないごみがあった。近くにいたお兄さんが「トングの後ろですなをほるといいよ。気をつけてね。」と声をかけてくれた。
- 集まったごみのふくろの山にびっくりした。

いっしょに参加していた人との交流の様子や会話の内ようも、思い出せたら書いてみよう！

(1) あなたの作文の中にあたる内ようを、次のメモに書きましょう。

〈あなたのメモ〉

中

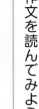

30 地いきの活動について書く②

3（61ページの続《つづ》き）

終わりは、「参加《さんか》して思ったこと、感想」を書きます。

〈ひろとさんのメモ〉

終わり

・みんなが海岸をきれいにしようと思って活動するのはとてもいいことだと思った。
・また参加したい。

(1) あなたの作文の**終わり**にあたる内ようを、次のメモに書きましょう。

〈あなたのメモ〉

終わり

4 60〜62ページで書いた〈あなたのメモ〉を、まとめましょう。加《くわ》えたいことや順番《じゅんばん》を変《か》えたいところはここで直しましょう。

〈あなたの作文メモ〉

はじめ	中	終わり

5 右ページの4の〈あなたの作文メモ〉を見て、作文を書きましょう。

はじめ
いつ、どこで、どんな活動に参加したか

中
・活動に参加したときの様子
・参加しているときの出来事
・いっしょに参加した人たちの様子

終わり
参加して思ったこと、感想

31 観《かん》察《さつ》したことを文章に書く①

観察文の書き方

生き物や植物を観察して、変化《へんか》の様子や特《とく》ちょうを記《き》録《ろく》してわかったことを文章にしましょう。

観察記録の文章を書く流れ

① 観察する物を決める。

② 観察して、気になったことや気づいたことを記録して、〈観察メモ〉を作る。

③ はじめ→中→終わりの順《じゅん》に、〈観察メモ〉をならべかえて、組み立てる。

はじめ	観察したきっかけ、理由
中	観察してわかったこと
終わり	観察して思ったこと、感想

④ ならべかえたメモをもとに、文章を作る。

---

① しゅうさんは、ヘチマの観察をすることにしました。さっそく、はじめの〈観察メモ〉を作りました。

商店街《しょうてんがい》でヘチマのなえをもらったから、観察することにしたよ！
夏にヘチマで「グリーンカーテン」を作るといいよと、なえをくれた人が説明《せつめい》してくれたんだ。
でも、「グリーンカーテン」って何だろう？

〈しゅうさんの観察メモ〉

はじめ

ヘチマの観察をしたきっかけ

・商店街でヘチマのなえをもらったから。
・夏に「グリーンカーテン」を作るといいと説明された。

グリーンカーテンとは…
ネットなどにつる植物をからませて，カーテンのようにすること。まどの外に作って，日光が部屋《へや》に入らないようにすることで，室内の温度を下げるこう果《か》がある。

「グリーンカーテン」がどんなものかわからなかったから、調べて説明をつけたよ。

観察するときの注目点

観察するときには、これらに注目してメモしましょう。

植物

- 芽《め》が出る様子。
- 葉の形，大きさ，色がどのように変わっているか。
- くきの太さ，長さがどのように変わっているか。
- つぼみがつく様子。
- 花の大きさ，色，おしべやめしべの様子。
- 実の形，大きさ，色がどのように変わっているか。
- 葉や実のにおいはどんなか。

など

動物・虫など

- えさの種類《しゅるい》，食べる量《りょう》。
- はいせつ物の様子。
- 体の大きさ，色，もようがどのように変《か》わっているか。
- 鳴き声。
- 活動する時間。

など

見たり，聞いたり，さわったりして，
気がついたことをメモするんだね。

---

(1) しゅうさんがヘチマを観察するときに、注目するとよい点はどんなところでしょう。次の□の中から正しいものを全て選《えら》んで記号で書きましょう。

ア　えさの種類。
イ　葉の形、大きさ、色。
ウ　鳴き声。
エ　くきの太さや長さ。
オ　はいせつ物の様子。
カ　つぼみや花、実の様子。

＊もしあなたがヘチマを観察するとして、ほかに調べてみたいポイントがあれば、書いてみましょう。

32 観《かん》察《さつ》したことを文章に書く②

（65ページの続《つづ》き）

② しゅうさんは、ヘチマを観察した記《き》録《ろく》を〈観察メモ〉にしておきました。

〈しゅうさんの観察メモ〉

6月1日（木）くもり

・商店街《しょうてんがい》でヘチマのなえをもらった。
・なえの高さは15cmくらい。
・円い葉（子葉《しよう》）2まいの間から，ギザギザの形をした本葉《ほんよう》が2まい出ている。

6月8日（木）晴れ

・本葉のまい数が5まいにふえて，子葉がしおれている。
・高さは25cmくらい。
・家の庭に植えかえた。
・庭には，ネットをはっておいた。

6月25日（日）くもり

・高さは80cmくらい。
・はっておいたネットにからまりながらのびている。
・くきから細いつるがのびている。
・葉っぱは，きゅうりのようなにおいがする。

7月2日（日）晴れ

・高さが150cmくらい。
・葉っぱがすごく大きくなった。大きいものは15cmくらい。
・緑色のつぼみができた。
・つぼみは玉ねぎのような形。一か所にたくさんついている。

観察記録を残《のこ》すときは、文字だけじゃなく、絵をかいたり、写真をとっておいたりするといいよ！

(1) 〈しゅうさんの観察メモ〉をもとに、わかったことを、ポイントごとにまとめ直しました。（　）に合う言葉を書きましょう。

7月17日(月)晴れ

・高さは一階の天《てん》じょうくらいまでになった。2mくらい。
・10cmくらいの黄色い花がさいた。
・花の下にまださいていないつぼみがたくさんついている。

7月22日(土)くもり

・花の根元が細長くふくらんでいるつぼみができた。
・前にさいた花は，落ちてしまっていた。

観察以外《いがい》で，調べてわかったこと

・花の下につぼみがたくさんついていたのは「お花《ばな》」，花の根元が細長くふくらんでいたのは「め花《ばな》」だった。
・「お花」と「め花」が受ふんするとヘチマの実ができる。
・気温が高いと，くきがよくのびるらしい。

中

(1) 葉

最初《さいしょ》は，（　　　）形の子葉2まいと本葉2まいしかなかったけれど，1週間後には本葉が5まいにふえて，子葉は（　　　）。

（　　　）のようなにおいがしました。7月2日には，大きいものは15cmくらいになっていました。

(2) 高さ

なえをもらってきた6月1日には15cmくらいだったのに，1週間で10cmくらいのび，7月17日には（　　　）くらいにまでのびました。

(3) 花

なえをもらって1か月くらいで（　　　）ができました。その約《やく》2週間後に花がさきました。大きさは（　　　）くらいで，黄色かったです。

⋮

33 観《かん》察《さつ》したことを文章に書く③

(67ページの続《つづ》き)

◆観察して、不《ふ》思《し》議《ぎ》に思ったことやもっと知りたいと思ったことがあるときは、本やインターネットなどで調べてみよう。

観察以外《いがい》で，調べてわかったこと

・花の下につぼみがたくさんついていたのは「お花《ばな》」，花の根元が細長くふくらんでいたのは「め花《ばな》」だった。
・「お花」と「め花」が受ふんすると，ヘチマの実ができる。
・気温が高いと，くきがよくのびるらしい。

また、むずかしい言葉には、説明《せつめい》を加《くわ》えよう。

例《れい》 グリーンカーテンとは…ネットなどにつる植物をからませて、カーテンのようにすること。まどの外に作って、日光が部屋《へや》に入らないようにすることで、室内の温度を下げるこう果《か》がある。

③ 64〜67ページの〈しゅうさんの観察メモ〉を見て、次の〈しゅうさんの観察文〉の（　）に合う言葉を書きましょう。うすい字はなぞりましょう。

〈しゅうさんの観察文〉

ヘちまが成長《せいちょう》して，実ができるまで

早坂《はやさか》　しゅう

1. 観察したきっかけ

商店街《しょうてんがい》でヘチマのなえをもらったので，ヘチマのなえを観察することにしました。なえを配っていた人が，ヘチマで「グリーンカーテン」を作るといいと教えてくれました。

グリーンカーテンとは，ネットなどをはったところにつる植物をからませて，カーテンのようにすることです。まどの外に作ると，日光が部屋の中に入るのをふせぐので，室内の温度を下げる

（　　　　　　　　　　）。

(左ページに続く)

2. 観察してわかったこと

(1) 葉

　最初《さいしょ》は，円い形の子葉2まいと本葉2まいしかなかったのですが，1週間後には本葉が5まいにふえて，子葉はしおれていました。本葉は（子葉とはちがって）ギザギザしていて，葉からはきゅうり（のような）においがしました。7月2日には，大きいものは15cmくらいになっていました。

(2) 高さ

　なえをもらってきた6月1日には15cmくらいでしたが，1週間で10cmほどのび，7月17日には2mくらいにまで成長しました。

(3) 花

　なえをもらってきて1か月くらいでつぼみができました。つぼみは緑色で，玉ねぎ（　　　　）形をしていました。つぼみができた2週間後くらいに，黄色い10cmほどの大きさの花がさきました。

　最初にできた花の下にはつぼみがたくさんついていました。図かんで調べてみたら，これは「お花」で，花の根元が細長くふくらんでいるのは「め花」だということが（　　　　　　）。お花とめ花が受ふんすると，ヘチマの実ができるそうです。

3. 観察した感想

　もらってきたときは小さかったヘチマのなえが，ぼくの身長をこえてどんどん大きくなっていって，ヘチマの成長はとても早いんだなと思いました。高くのびたけれど，横には広がらなかったので，カーテンのようにはならなかったのが残《ざん》念《ねん》でした。でも，これから実がなるのが楽しみです。

　図かんで花について調べたときに，気温が高いとヘチマのくきがよくのびるということを知りました。今度ヘチマを育てるときは，気温とくきの成長の関係《かんけい》について調べてみたいと思いました。

最後の「観察した感想」のところには，
しゅうさんが書いているように，
観察したことでさらにきょう味をもったこと，
調べてみたいと思ったことを書くのもいいね！

34 調べたことをほうこくする①

知りたいことや気になったことについて調べ、わかったことをほうこくする文章を書きます。

調べたことを整理して書く方法《ほうほう》

◆調べたことを書くときの流れ

① 調べたいことを見つけよう。

①不思議《ふしぎ》に思うことや気になることを集める。

②その中で、特《とく》に調べたいことを決める。

③どうして調べたいと思ったのか、理由を〈メモ〉しておく。

② 調べる方法《ほうほう》を決めよう。

本や新聞記事などで調べる	知りたいことについての本や新聞記事などを、図書館などに行ってさがして読む。
人に聞く	先生やせんもん家など、くわしく知っている人に聞く。
インターネットで調べる	知りたいことに関係《かんけい》する言葉をけんさくエンジンに入力して調べる。
観察《かんさつ》する	調べるものを、よく見たりさわったりして、気づいたことを記録《きろく》する。

1 次の(1)〜(4)は、じょうほうの調べ方について書いたものです。アとイ、どちらの調べ方について書いているか、（　）に記号を書きましょう。

ア 本や新聞など　イ インターネット

(1) 調べたじょうほうが、信らいできる場合が多い。（　）

(2) かん単に、最新のじょうほうを調べることができる。（　）

(3) じょうほうがまちがっている場合もあるので、かくにんする必要がある。（　）

(4) じょうほうが古い場合もあるので、発行された年などをかくにんする。（　）

調べるときには、一つの調べ方だけでなく、ふく数の調べ方でじょうほうを集めて、かくにんしよう。

③ 調べたことを〈メモ〉に書こう。

調べてわかったことと感想は分けてメモする。

④ 〈メモ〉を整理しよう。

① 内ようのまとまりごとに、メモをならべる。

② 内ようのまとまりに、見出しをつける。

⑤ 〈メモ〉をもとに文章を書こう。

◆調べるときの注意点

調べる方法には、それぞれ特《とく》ちょうがあるよ。上手《じょうず》に使って、知りたいじょうほうを集めよう。

	悪い点	良《よ》い点
本・新聞など	じょうほうが古いことがあるので、発行された年などをかくにんしよう。	信《しん》らいできるじょうほうが多い。
インターネット	じょうほうが、信らいできなかったり、まちがっていたりすることがあるので、かくにんが必要《ひつよう》。	かん単《たん》に、最新《さいしん》のじょうほうを調べることができる。

それぞれ、良い点と悪い点があるんだね。

② 次の文章の□には見出しが入ります。ア〜オから選《えら》んで、（　）に記号を書きましょう。

(1)（　　）

(2)（　　）

(3)（　　）

(4)（　　）

(5)（　　）

ア　調べてわかったこと

イ　調べた感想

ウ　出典《しゅってん》・参考《さんこう》し料《りょう》

エ　調べた理由

オ　調べ方

ツバメはどうしていどうするのか

4年1組　田崎《たさき》　あお

1.［(1)］

ぼくは，学校に毎年やってくるツバメについて調べました。どうして必《かなら》ず春にやって来るのか知りたかったからです。

2.［(2)］

まず，インターネットでツバメについて調べました。それから，図書館の本でもかくにんしました。

3.［(3)］

(1)エサ

春から秋ごろまで，ツバメのいる熱帯《ねったい》雨林ではエサになる虫がいないそうです。そのため，……(りゃく)……

4.［(4)］

ツバメが日本でたくさんエサを食べて，元気に帰るといいなと思いました。

［(5)］

「鳥の一年」(http://www.…….jp)

(見た日　○月○日)

インターネットの場合は，サイトの名前と住所，サイトを見た日も書いておくといいよ。

35 調べたことをほうこくする②

❶ 次の、しゅうさんが調べて〈メモ〉を作るまでの様子を見て、〈メモ〉を完成《かんせい》させましょう。

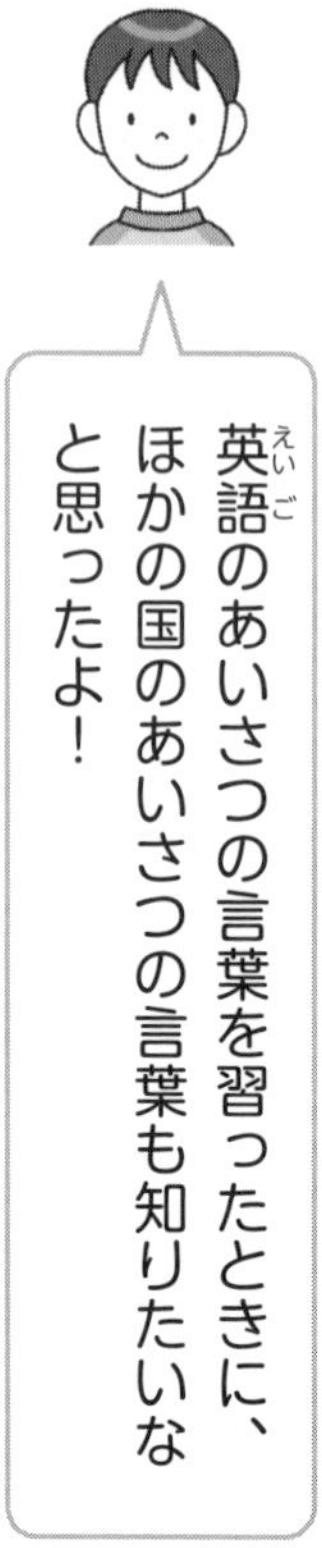
英語《えいご》のあいさつの言葉を習ったときに、ほかの国のあいさつの言葉も知りたいなと思ったよ！

〈しゅうさんの調べ方〉

図書館
①
インターネットの動画
②

〈調べてわかったこと〉

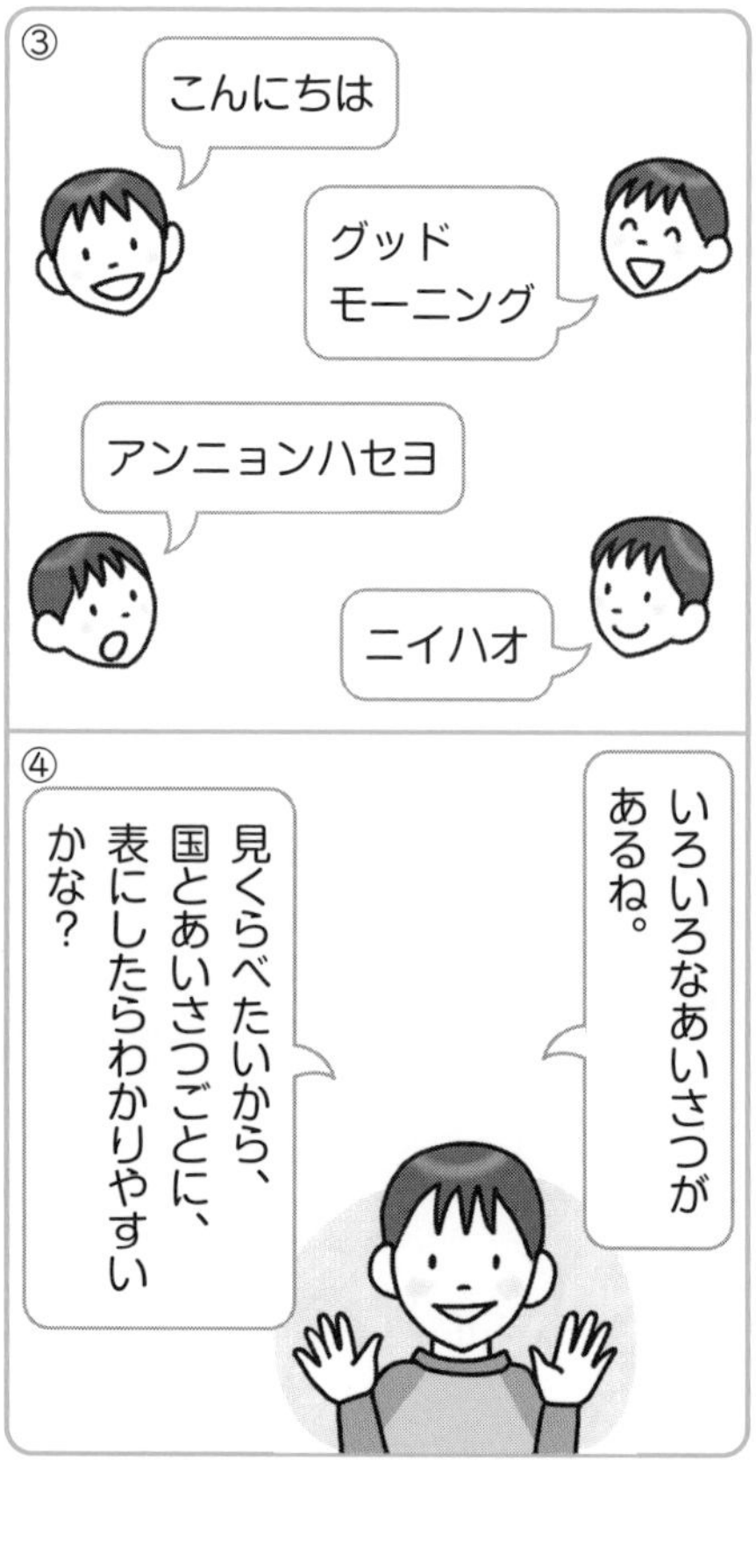
③
こんにちは
グッド
モーニング
アンニョンハセヨ
ニイハオ
④
いろいろなあいさつがあるね。
見くらべたいから、国とあいさつごとに、表にしたらわかりやすいかな？

⑤
動画を見ながら発音してみたら、かん国語と中国語は聞き取りやすくて、だいたい同じように言えたよ。
フランス語は、本に書いてある発音を見ながら言ってみたけど、動画と同じように言うのはむずかしかったな。

〈調べた感想〉

かん国語
・「さようなら」は，見送る人と去る人で言葉がちがうことにおどろいた。
・「アンニョンハセヨ」は時こくに関係《かんけい》なく使えて便利《べんり》だと思った。

フランス語
・「ボンジュール」は時こくに関係なく使えて便利だと思った。

思ったことを書いてみたよ

(1) 次の、しゅうさんの〈メモ〉を読みながら、（　）の言葉をなぞりましょう。

〈「調べた理由」のメモ〉

英語のあいさつを習ったときに、ほかの国のあいさつの言葉も（知りたいと思ったので）、調べることにした。

〈「調べ方」のメモ〉

図書館の本で調べてから、インターネットの動画で発音の仕方を調べた。

〈「調べてわかったこと」のメモ〉

発音
・動画を見ながら発音してみたら、かん国語と中国語は（聞き取りやすくて）、同じように言えた。
・フランス語は、本の発音どおりに言ってみたけれど、動画と同じように発音するのは（むずかしかった）。

〈「調べた感想」のメモ〉

・かん国語の「（さようなら）」は、見送る人と去る人で言葉がちがうと知っておどろいた。
・かん国語の「アンニョンハセヨ」とフランス語の「ボンジュール」は、時こくに（関係なく）使えて便利だと思った。

次のページでは、〈メモ〉をもとにほうこく文を書いていくよ。

36

調べたことをほうこくする③

1 73ページの〈メモ〉を見ながら、次の〈しゅうさんのほうこく文〉の（　）に合う言葉を書きましょう。

〈しゅうさんのほうこく文〉

世界のあいさつの言葉

4年2組　早坂《はやさか》　しゅう

1.（　　　　　　　　）

英語《えいご》のあいさつの言葉を習ったときに，ほかの国のあいさつの言葉も知りたいと思ったので，世界のあいさつの言葉を（　　　　　　　　）。

2. 調べ方

（　　　　　　　　）で，英語，かん国語，中国語，フランス語のあいさつの言葉を調べました。それから，（　　　　　　　　）の動画で，発音の仕方を調べて，自分でも言ってみました。

3. 調べてわかったこと

日本語	英語	かん国語	中国語	フランス語
おはよう	グッドモーニング	アンニョンハセヨ	ザオシャンハオ	ボンジュール
こんにちは	グッドアフタヌーン	アンニョンハセヨ	ニイハオ	ボンジュール
さようなら	グッドバイ／スィーユーレイター	アンニョンヒガセヨ（見送る人）／アンニョンヒゲセヨ（去る人）	ザイジェン	オールヴォアール
ありがとう	サンキュー	カムサハムニダ	シエシエ	メルスィ

（左ページに続《つづ》く）

（右ページの続き）

動画を見て発音してみたら，かん国語と中国語は聞き取りやすくて，だいたい同じように言えました。フランス語は，本に書かれているとおりに言っても，同じように発音できなくて，動画と同じように発音するのはむずかしかったです。

4.（　　　　　　　　　）

かん国語の「さようなら」は，見送る人と去る人で言葉がちがうと知って（　　　　　　　　　）。また，かん国語の「アンニョンハセヨ」やフランス語の「ボンジュール」は，時こくに関係《かんけい》なく使えて（　　　　　）思いました。

出典《しゅってん》・（　　　　　　　　）

・「世界のあいさつ言葉」（△△△△著《ちょ》　〇〇社）
・インターネット
「ことばチャンネル」（http://www.…….jp ）
（見た日　8月10日）

文の終わりは，「です」「ます」でそろえて書こう。

あいさつを表にして整理したよ。調べるときに使った本や，インターネットのサイトは，ほうこく文の最後《さいご》にわすれず書いたよ。

いろいろなあいさつ言葉があるんだね。とてもわかりやすかったよ。

37 ポスターを作る①

ポスターが知らせたいことを読み取ろう

ポスターは、商品のせん伝《でん》や、きまりやマナーのよびかけ、イベントや行事の案内《あんない》などの知らせたいことを一まいの紙にまとめたものです。

言葉や写真、絵などを組み合わせて、人の注意を引きつけるくふうがされている。

ポスターが作られた目的《もくてき》や伝《つた》えたい相手を考えて、内ようを読み取ろう。

〈ポスターの例《れい》①〉

キャッチコピー
読み手を引きつける言葉。
元気にあいさつしよう！
期間
5月10日～5月24日は
あいさつ週間です。
知らせたいこと
絵や写真
この絵で，学校に来たら積極的《せっきょくてき》にあいさつしようということをよびかけている。

❶ 次の二つのポスターは、それぞれ同じことを伝えています。どんなちがいがあるでしょうか。ポスターを見て、後の問題に答えましょう。

ア

横《おう》だん歩道を
わたろう！

イ

信号《しんごう》を守って
安全運転！！

〈ポスターの例②〉

絵や写真
キャッチコピー
いっしょに走ろう
さくら市市民マラソン大会
三月一日　午前九時スタート
参加者《さんかしゃ》は、公園東入り口に集合してください。
知らせたいこと
日時と集合場所

〈ポスターの例③〉

キャッチコピー
災害《さいがい》にそなえよう
水
絵や写真
もしものときのために
防災《ぼうさい》用品のかくにんを！
非常食《ひじょうしょく》には賞味期限《しょうみきげん》があります。
知らせたいこと

(1) ア・イは、何を伝えるポスターですか。正しいもの一つに○をつけましょう。

（　）スクールゾーン

（　）犯罪防止《はんざいぼうし》

（　）交通安全

(2) ア・イのポスターについて、次の文の（　）に合う言葉を［　］から選《えら》んで書きましょう。

① アは、丸っぽい文字で（　　　）感じがする。
イは、角のあるような文字で（　　　）感じがする。

② アは（　　　）の目線で、イは（　　　）の目線で見た様子を伝えている。

③ アは（　　　）を正しくわたることを、イは安全な（　　　）を心がけることをよびかけている。

［運転　横だん歩道　やわらかい　かたい
歩行者　運転手］

38 ポスターを作る②

❶ みづきさんたちは、山野《やまの》町の「美化週間」に使うポスターを作ります。話し合った内ようを〈メモ〉にまとめました。〈メモ〉の（　）に合う言葉を書きましょう。

道のわきの草むらや、林の中、川のそばなどに、ごみがすてられているのをよく目にするよ。ごみが落ちていたり、よごれていたりすると気分が悪いよね。
ごみを自然《しぜん》の中にポイすてしないでほしい。ごみはちゃんと持ち帰って、ごみ箱にすてなくちゃ。
キャッチコピーは、ポイすてをする人たちにうったえかける言葉がいいと思う。
イラストも入れたいね。ポイすてされて、自然の木や川が悲しんでいる絵はどうだろう。

〈メモ〉

・ポスターに書くこと

山野町美化週間　十一月一日〜十一月十四日

・伝《つた》えたいこと

・ごみが、道のわきの草むらや、林の中、川のそばなどに（　　　）のをよく目にする。

・自然の中にポイすてしないで、持ち帰って、（　　　）にすててほしい。

・キャッチコピー

・ポイすてをする人たちに（　　　）言葉にする。

・ポスターのイラスト

ポイすてされた自然の木や川が、（　　　）絵にする。

2 **1**でみづきさんたちが話し合った内ようのポスターを作ります。

(1) 次の［　］から、キャッチコピーとして合っているものを選《えら》んで、〈ポスター〉の［　］に書きましょう。

山野町のゆたかな自然を守ろう
自然はごみ箱じゃない！
ごみをリサイクルしてしげんに
きれいな山野町を取りもどそう

〈ポスター〉

キャッチコピーを書こう！

［　　　　　　　　］

山野町美化週間
11月1日〜11月14日

絵

(2) 次の、①・②のようなポスターを作るとき、使うとよい絵をア・イから選んで、（　）に記号を書きましょう。

① 道路を走る車の運転手に向けたポスターにしたい。（　　）

② 山野町でくらす小学生に向けたポスターにしたい。（　　）

ア

イ

39 しょう待する手紙を書く

いろいろな案内《あんない》の手紙の書き方

発表会や運動会など、しょう待したい人に案内の手紙を書きます。

手紙を読む人に、わかりやすく、必要《ひつよう》なことが伝《つた》わるように、手紙を書こう。

しょう待する手紙に書く内よう

- はじめのあいさつ
- 来てほしい行事
- いつ(日時)
- どこで(場所)
- 行事で自分がすること
- 来てほしい気持ち
- 手紙を書いた日にち
- 自分の名前
- 相手の名前

手紙を書く前に、〈メモ〉を作ったり、
下書きしたりしよう!

1 次の〈なおきさんの手紙のメモ〉を見て、〈なおきさんの手紙〉の（　）に合う言葉を書きましょう。

〈なおきさんの手紙のメモ〉

はじめのあいさつ	こんにちは
相手の名前	たてわり班《はん》でいっしょの、六年二組の川村《かわむら》のどかさん
来てほしい行事	六年生ありがとう集会
日時	二月二十四日(木曜日) 午後一時四十分から三時十五分
場所	体育館
自分がすること	・リコーダーの合そう ・みんなでゲーム
来てほしい気持ち	おもしろいゲームを考えているので、楽しみにしててほしい。
書いた日	二月十日

〈みのりさんの手紙〉

平野《ひらの》さん、こんにちは。
お元気ですか。
花だんのなえ植えを指《し》どうしていただいた、
朝山《あさやま》小学校四年一組の坂口《さかぐち》みのりです。
今度、わたしが通う小学校で、学習発表会が
開かれますので、ご案内します。

日時　十月十九日(日曜日)
　　　午前九時から十二時まで

場所　朝山小学校の体育館

わたしは、「ごんぎつね」のげきをやります。
毎日、クラスのみんなと一生けん命練習して
います。ぜひ見に来てください。

十月一日

坂口　みのり

平野としゆき様

はじめのあいさつ
来てほしい行事
日時
場所
行事で自分がすること
来てほしい気持ち
手紙を書いた日
自分の名前
相手の名前

〈なおきさんの手紙〉

川村さん、こんにちは。
ぼくは、たてわり班でいっしょの四年二組の本間《ほんま》
なおきです。
今度、（　　　）を開き
ますので、ご案内します。

（　　　）　二月二十四日(木曜日)
　　　午後一時四十分から三時十五分

（　　　）　体育館

ぼくたちは、リコーダーの合そうをします。その
あと、六年生のみなさんと（　　　）をしたい
と思っています。
（　　　）
ので、楽しみにしていてください。

（　　　）

四年二組　本間　なおき

六年二組　川村のどか様

40 お礼の手紙を書く

お礼の気持ちを伝《つた》える手紙の書き方

手紙は、相手や目的《もくてき》によって書く内ようや言葉づかいが変《か》わります。

手紙には決まった形式があるので、その形式に気をつけて書こう。

お礼の手紙に書く内よう

- はじめのあいさつ
- 何についてのお礼か
- お礼の気持ち
- 結《むす》びのあいさつ
- 手紙を書いた日にち
- 自分の名前
- 相手の名前

「何についてのお礼か」をくわしく書くと、気持ちがより伝わるよ！
「相手がしてくれたこと」や「そのとき自分が感じたこと」を書き出しておこう。

1 次の〈りささんの手紙のメモ〉を見て、〈りささんの手紙〉の（　）に合う言葉を書きましょう。

〈りささんの手紙のメモ〉

はじめのあいさつ	・いちょうの葉が色づいてきました。 ・お元気ですか。
何についてのお礼か お礼の気持ち	・民族博物館《みんぞくはくぶつかん》を見学させていただいたお礼。 ・いろいろな地いきの生活や文化を知れた。 ・てんじされている道具や衣服《いふく》について、くわしく説明《せつめい》してくださったので、とても勉強になった。 ・ご案内《あんない》してくださって、ありがとうございました。
結びのあいさつ	寒くなってきたので、お体に気をつけてください。
書いた日にち	十一月二十日
相手の名前	山口《やまぐち》ひろしさん

〈はやとさんの手紙〉

はじめのあいさつ

まだまだ暑い日が続《つづ》いていますが、給食《きゅうしょく》センターのみなさんは、お元気でしょうか。

ぼくは、みなさんが作ってくださった給食を毎日いただいている、新川《しんかわ》小学校の竹山《たけやま》はやとです。

いつも、おいしくていろいろなメニューがある給食を食べることができて、うれしいです。ぼくは、魚が苦手でしたが、給食であじのフライや、さけのホイル焼《や》きを食べて、魚が好《す》きになりました。

ぼくたちの体のことを考えて、栄養満点《えいようまんてん》のおいしい給食を作ってくださって、ありがとうございます。これからも、給食を残《のこ》さず食べようと思います。

何についてのお礼か，お礼の気持ち

お体に気をつけて、これからもお仕事をがんばってください。

結びのあいさつ

九月十五日

手紙を書いた日にち

新川小学校　竹山　はやと

自分の名前

給食センター　給食調理員のみな様

相手の名前

〈りささんの手紙〉

（　　　　）が色づいてきました。山口さん、お元気ですか。

わたしは、先週、民族博物館を見学させて（　　　　）、北山《きたやま》小学校四年一組の石本《いしもと》りさです。見学を通して、いろいろな地いきの生活や文化など、今まで知らなかったことを知ることができました。また、てんじについてくわしく説明してくださったので、とても勉強になりました。

（　　　　）、ありがとうございました。

（　　　　）、お体に気をつけてください。

十一月二十日

北山小学校四年一組　石本　りさ

（　　　　）

41 手紙やはがきのあて名を書く

はがきのあて名の書き方

はがきのあて名の書き方を覚《おぼ》えましょう。

◆はがき

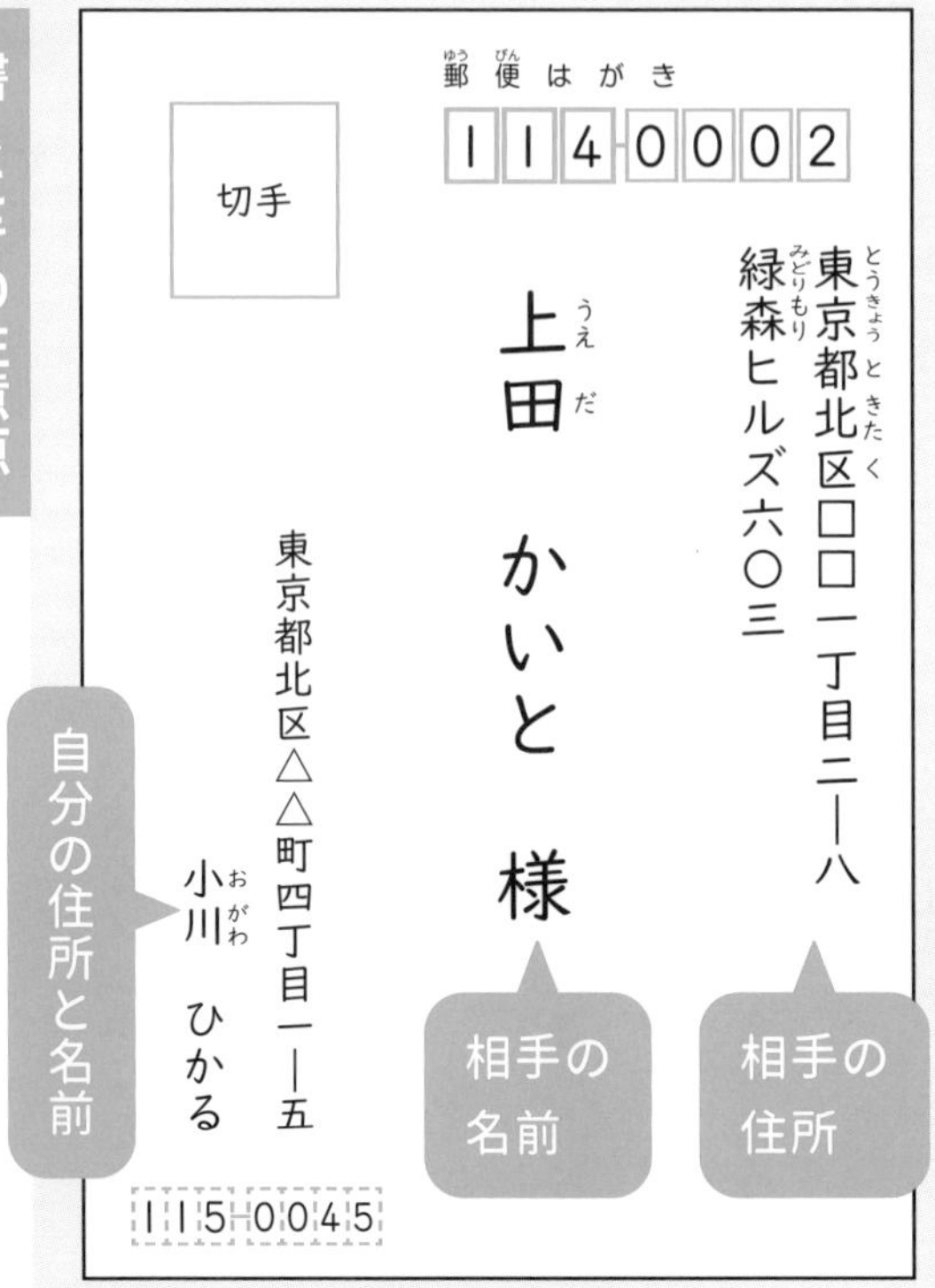
郵《ゆう》便《びん》はがき
114-0002
切手
東京都北区《とうきょうときたく》□□一丁目二―八
緑森《みどりもり》ヒルズ六〇三
上《うえ》田《だ》 かいと 様
東京都北区△△町四丁目一―五
小川《おがわ》 ひかる
115-0045
相手の住所
相手の名前
自分の住所と名前

書くときの注意点

- 「相手の名前」は、中央に大きめに書く。
- 「相手の住所」は、右側《みぎがわ》に書く。住所が長いときは、区切りのよいところで行を変《か》える。
- 「自分の住所と名前」は、切手の下に、相手の住所よりも小さく書く。

---

1 あなたの友《とも》達《だち》や先生、親せきあてに、はがきで送るときのあて名を書いてみましょう。

〈はがき〉

郵便はがき
切手

相手の名前をいちばん大きく書くよ！
文字のバランスに気をつけて、
ていねいに書こう。

ふう書のあて名の書き方

ふう書のあて名の書き方を覚えましょう。

◆ふう書

〈ふうとうのうら側〉

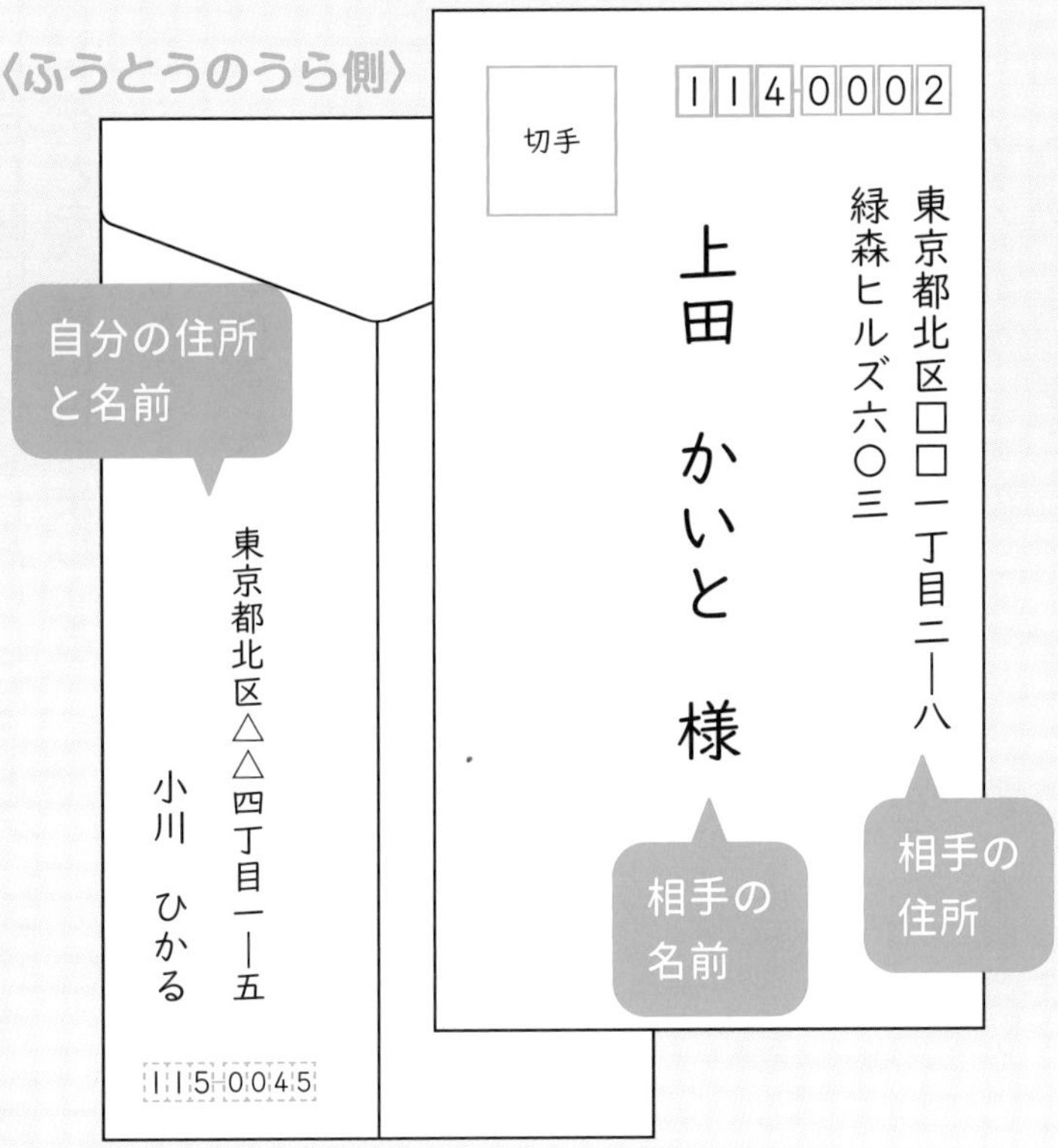

114-0002
切手
東京都北区□□一丁目二ー八
緑森ヒルズ六〇三
上田　かいと　様
相手の住所
相手の名前
自分の住所と名前
東京都北区△△四丁目一ー五
小川　ひかる
115-0045

書くときの注意点

●「自分の住所と名前」は、ふうとうのうらに書く。

2 あなたの友達や先生、親せきあてに、ふう書で送るときのあて名を書いてみましょう。

〈ふう書〉

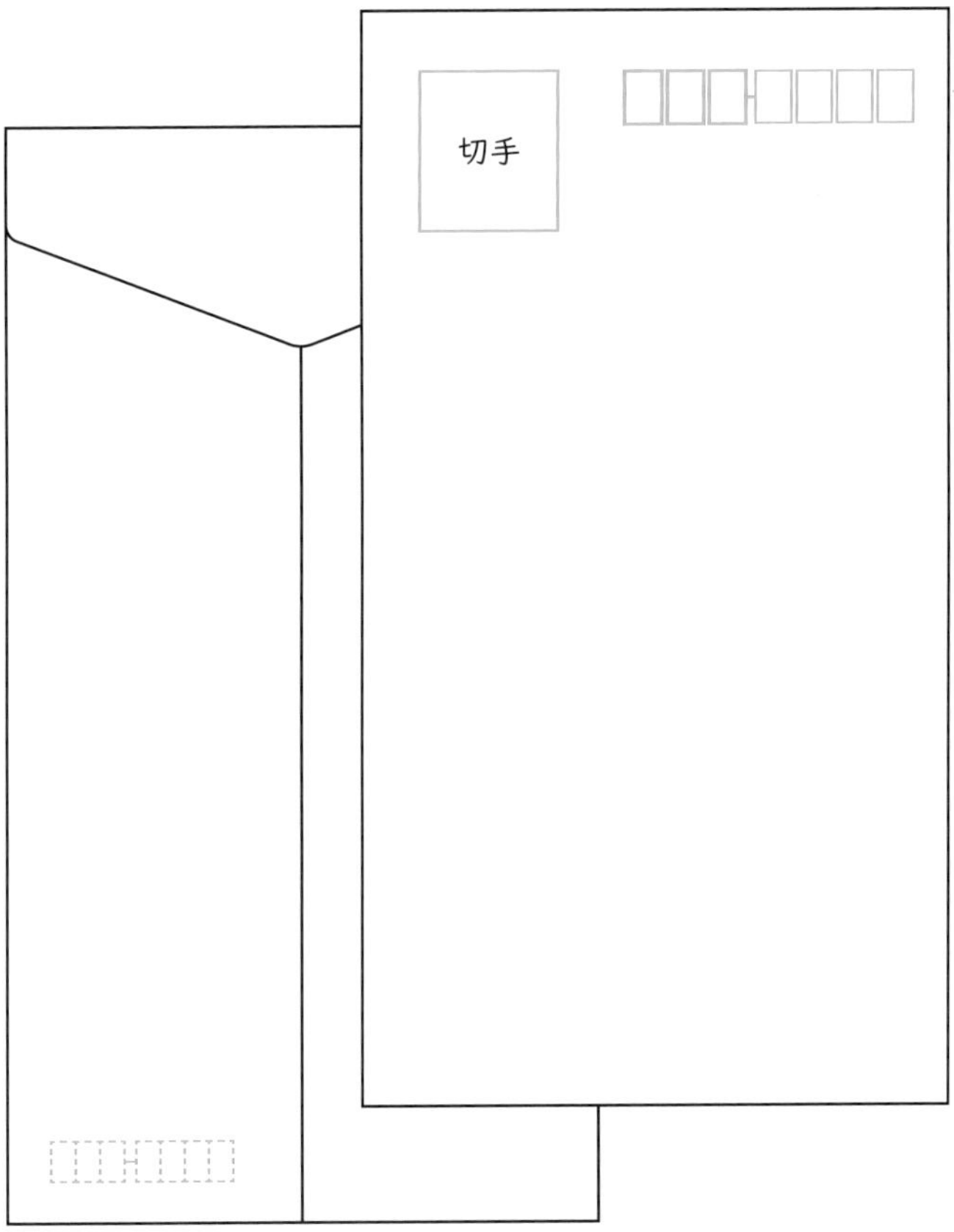

切手

はがきや手紙がきちんととどくように、ゆう便《びん》番号や住所が、正しく書けているかどうか見直そう。字はていねいに書こう！

42 詩を作る①

見たり聞いたり体験《たいけん》したりしたことで、心に強く感じたことを、詩に書きましょう。

詩…心に感じたことを、短い言葉で自由に書いたもの。

詩の書き方

① 心に感じたこと、心が動いたことを思い出そう。

例《れい》 ・絵をほめられてうれしかった。
・夕焼《ゆうや》けの空がきれいだった。

② 詩で使う言い方を覚《おぼ》えよう。

◆たとえる言い方
例 ・羊のような雲。（雲の様子を羊にたとえる。）

◆くり返す言い方
例 ・長い長い夜。（言葉をくり返して、意味を強める。）

◆言葉の順《じゅん》じょを入れかえる
例 ・聞こえるんだ　声が。
（言葉を入れかえて、「何が聞こえているのか」を強調している。）

◆様子を表す言葉
例 ・ぎらぎらとした日差《ひざ》し。ぴょんとはねる。

これらを使うと、感動や様子をより強く表すことができるよ。

① 次のまん画を見て、左ページの〈しゅうさんのメモ〉の（　）のうすい字をなぞりましょう。

百メートル走のときのことが、とてもくやしかったから、詩に書いてみるよ。

①
用意、スタート
今日《きょう》こそ、ぜっ対に勝ちたい！
②
③
息が苦しい。うでが上がらない……。
④
今日も負けてしまった。でも、次こそは、ぜっ対に勝つぞ。

〈しゅうさんのメモ〉

・心が動いたこと

百メートル走で（負けて）、くやしかったこと。

・見たこと、聞いたこと、したこと、感じたこと

・「用意、スタート」という声と同時に（思いっきり）前にとび出した。今日こそ、ぜっ対に勝ちたかった。

・と中までは、（ならんで）走っていた。息が（苦しくて）、うでが（上がらない）。

・（ザッザッザッザッザッ）と、相手の走る音が小さくなっていく。どんどんはなされていく。

・今日も負けてしまった。でも、次こそはぜっ対に（勝つぞ）。

「走る音」の表し方が、となりで聞いているみたいに感じられていいね！

② しゅうさんの詩の（　）のうすい字をなぞりましょう。

題名をつけよう！

この言葉をくり返すことで，勝ちたい気持ちが強く感じられるね。

百メートル走

早坂《はやさか》　しゅう

（「用意、スタート」）
ぼくは思いっきり前にとび出した
今日こそは　ぜっ対あいつに勝つ
と中まではならんで走った
息が苦しい　うでがつかれてきた
（今日こそは　ぜっ対あいつに勝つ）
ザッザッザッザッザッ
あいつの足音が小さくなって
（どんどん）はなされていく
今日も　また　負けた
でも　次こそは　ぜっ対あいつに勝つぞ

スタートのときのきんちょう感が伝《つた》わってくるよ。

「どんどん」があることで，いきおいよくはなされていく様子がわかるね。

百メートル走の様子や、しゅうさんのくやしい気持ちがよく伝《つた》わってくる詩だね。

43 詩を作る②

①　あなたが強く心に感じたことや心が動いたことを、詩に書いてみましょう。

◆いろいろな気持ち
・うれしい　・悲しい
・おどろき　・きれいだな
・くやしい　・不思議《ふしぎ》だな
・おいしい　・かわいい　など

ほかにも、どんな気持ちになったことがあるかな？

詩で使いたい言葉をメモに書き出してみたよ！

〈みづきさんのメモ〉

●心が動いたこと
一人《ひとり》で電車に乗ったら、景色《けしき》がいつもとちがって見えた。

●見たこと、聞いたこと、したこと、感じたこと
・初《はじ》めて乗る路線の電車。
・ひとりで乗るのも、初めて。
・話す人がいなくて心細い。
・まどから見る風景《ふうけい》は見なれない。
・電車は、川をいくつもわたっていく。
・たくさんの畑や林が通りすぎていく。
・知らない町をどんどん通りぬけていく。
・だんだん、知らない所に行くのが楽しみになってきた。

(1)　〈あなたのメモ〉を作りましょう。

〈あなたのメモ〉

●心が動いたこと

●見たこと、聞いたこと、したこと、感じたこと

短い言葉や文で書こう。
たとえる言い方や様子を表す言葉を使ってみよう！

(2) 右ページの〈あなたのメモ〉を見て、詩を書きましょう。

メモに書いた言葉を，
ならべかえたり，
くり返してみたり，
いろいろなくふうを
してみよう！

題名

名前

44

物語を作る❶

物語の組み立て方

多くの物語は、次のような組み立てで書かれています。

はじめ	登場人物、時（時期や時こく）、場所など
中	物語が始まるきっかけ 出来事① 事件《じけん》が起こる→解決《かいけつ》する ↓ 出来事② 事件が起こる→解決する …
終わり	出来事（事件）の結果《けっか》、どうなったか 物語の結《むす》び、結末《けつまつ》

※中の「出来事」がいくつもくり返されて、物語が続《つづ》く。

まず、物語の内ようをいろいろと想ぞうしてみよう。見たことのある絵や写真、ドラマやえい画、ゲームなどから想ぞうをふくらませてもいいよ。

今回は、「まほうのくつ」という物語を、みづきさんといっしょに作ってみるよ。

---

❶ みづきさんは91ページの絵をもとに、次のような〈組み立てメモ〉を作りました。後の問題に答えましょう。

〈組み立てメモ〉

はじめ	・登場人物の名前…ア ・いつ…ある朝　・どこ…家のげん関《かん》 ・どうした…まほうのくつを見つけた。 まほうのくつから声が聞こえてくる。
中	・くつをはいて外に出ると……。 出来事①…まずどんなことが起こったか ↓ 出来事②…それからどうなったか
終わり	・結末…最後《さいご》にどうなったか ア は、どう思ったか、何と言ったか、 何をしたか

(1) ア に入る登場人物の名前を、自由に考えて書きましょう。

（　　　　）

まほうのくつを見つけるお話だよ。まほうのくつをはくと、何ができるようになればいいかな? 考えてみるね。

(2) まほうのくつは、どんなくつですか。色、形、もよう、どんなかざりが付《つ》いているかなど、自由に考えて書きましょう。

例《れい》 にじのような七色のしまもよう。いろいろな乗り物の絵がかいてある。

(3) まほうのくつをはくと、どんなことができるでしょう。自由に考えて書きましょう。

例 自分が今いちばん行きたいところへすぐ行ける。

足が速くなるくつ、未来に行けるくつなど、まほうのくつでできることを、いろいろと想ぞうしてみよう!

（91ページの続《つづ》き）

(4) 出来事①に入る内ようを考えます。くつをはいて外に出たら、「まずどんなことが起こったか」を自由に考えて書きましょう。

例《れい》 足が勝手に動き出して、あっという間に通っている小学校に着いた。

(5) 出来事②に入る内ようを考えます。出来事①の後、「どうなったか」を自由に考えて書きましょう。

例 昨日《きのう》けんかしたヒロトくんの前で、ぴたりと止まった。

(6) 結末《けつまつ》に入る内ようを考えます。出来事②の後にどうなったかを自由に考えて書きましょう。

例 勇気《ゆうき》を出して昨日のことをあやまり、ヒロトくんと仲《なか》直《なお》りできた。「どうして、ヒロトくんと仲直りしたいことがわかったんだろう。」と不思議《ふしぎ》に思った。

物語の出来事と結末の部分を考えていくよ。どんな物語になったかな？

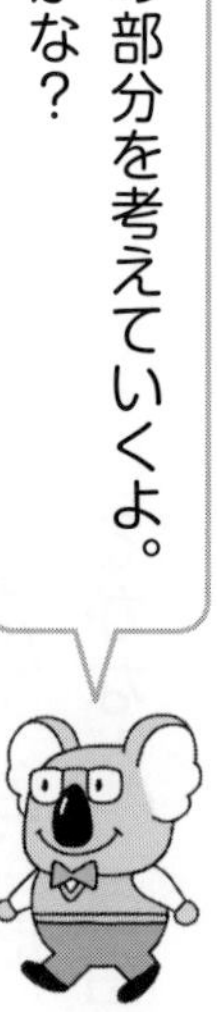

2 90〜92ページで、あなたが考えたことを〈組み立てメモ〉にまとめましょう。

〈組み立てメモ〉

90ページ**1**(1)、91ページ(2)・(3)

・主人公の名前……（　　　　）
・ある朝、家のげん関《かん》で、まほうのくつを見つける。
・まほうのくつは、（　　　　）。
・まほうのくつをはくと、（　　　　）ことができる。

92ページ(4)

・まほうのくつをはいて外に出たら、（　　　　）

92ページ(5)

・そして、（　　　　）

92ページ(6)

・結末……（　　　　）

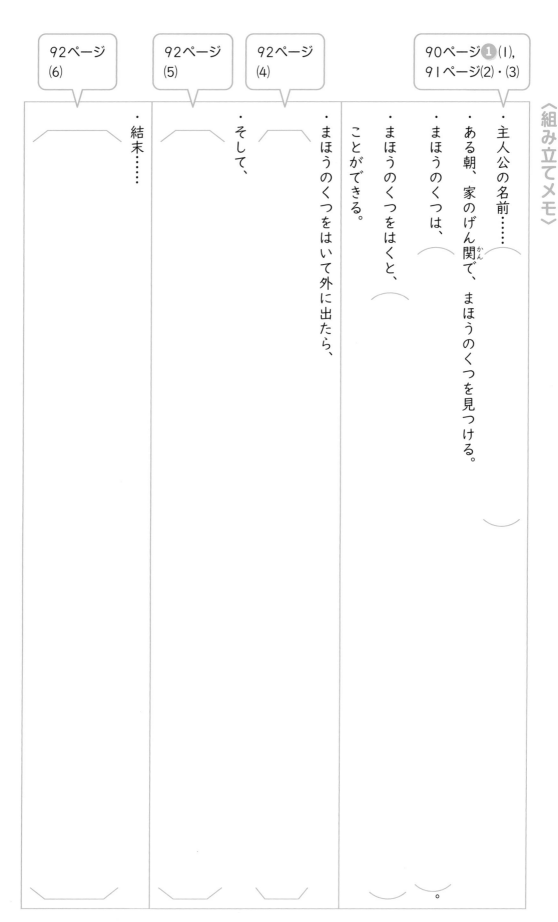

46 物語を作る③

❶ 93ページの〈組み立てメモ〉を見ながら（　　　）に合う言葉や文章を書いて、「まほうのくつ」の物語を完成《かんせい》させましょう。

はじめ

ある朝のことです。（　　　　　）がげん関《かん》に行くと、見たこともないくつが置《お》いてありました。そのくつは、（　　　　　）。
◀主人公の名前

そして、そのくつから声が聞こえてくるではありませんか！

「わたしは、まほうのくつです。このくつをはくと、（　　　　　）。」

中

（　　　　　）は、おそるおそるそのくつをはいて、外に出てみました。すると、
◀主人公の名前

（　　　　　）

そして、

終わり

▶主人公の名前

（　　　　）は、

今回は、文の終わりを、「です」「ます」でそろえて書こう。

全て書けたら、最初《さいしょ》からつなげて読んでみよう。おもしろいお話になったかな？

◆ 原こう用紙の正しい使い方を覚《おぼ》えましょう。
文章を書いたら、まちがいがないか、たしかめましょう。

題名は、はじめの行に、上から二、三ます空けて書く。

書きはじめや、行を変《か》えたら、一ます空ける。

　　　もちつき大会のボランティア

　　　　　　　　　　田中　みづき　

　わたしは、十二月十八日に町内のもちつき大会に田中さんといっしょに参加しました。

　わたしのたん当は、会場に来た人におもちの引きかえけんをわたす係です。人がならぶとあせったけれど、となりにいた川田さんが、

「ゆっくりでいいからね。」

と言ってくれたので、落ち着いてけんをわたすことができました。

句点《くてん》(。)や読点(、)は、一ますに書く。

句点や読点が行のはじめに来ないように、文字といっしょのますに書くか、ますの下に書く。

会話は、行を変えて、かぎ(「」)をつけて書く。言葉の終わりの句点とかぎ(。」)は、一ますに書く。

くもんの国語集中学習　小学４年生 作文・表現にぐーんと強くなる

2023年3月　第1版第1刷発行
2024年7月　第1版第2刷発行

●発行人　志村直人
●発行所　株式会社くもん出版
〒141-8488 東京都品川区東五反田2-10-2
東五反田スクエア11F
電話　編集　03(6836)0317
営業　03(6836)0305
代表　03(6836)0301

●印刷・製本　TOPPAN株式会社
●カバーデザイン　辻中浩一+村松亨修(ウフ)
●カバーイラスト　亀山鶴子
●本文イラスト　みながわこう・野口真弓
●本文デザイン　岸野祐美(株式会社京田クリエーション)
●編集協力　松原豊

ISBN 978-4-7743-3370-0

ＣＤ 57336
くもん出版ホームページアドレス　https://www.kumonshuppan.com/

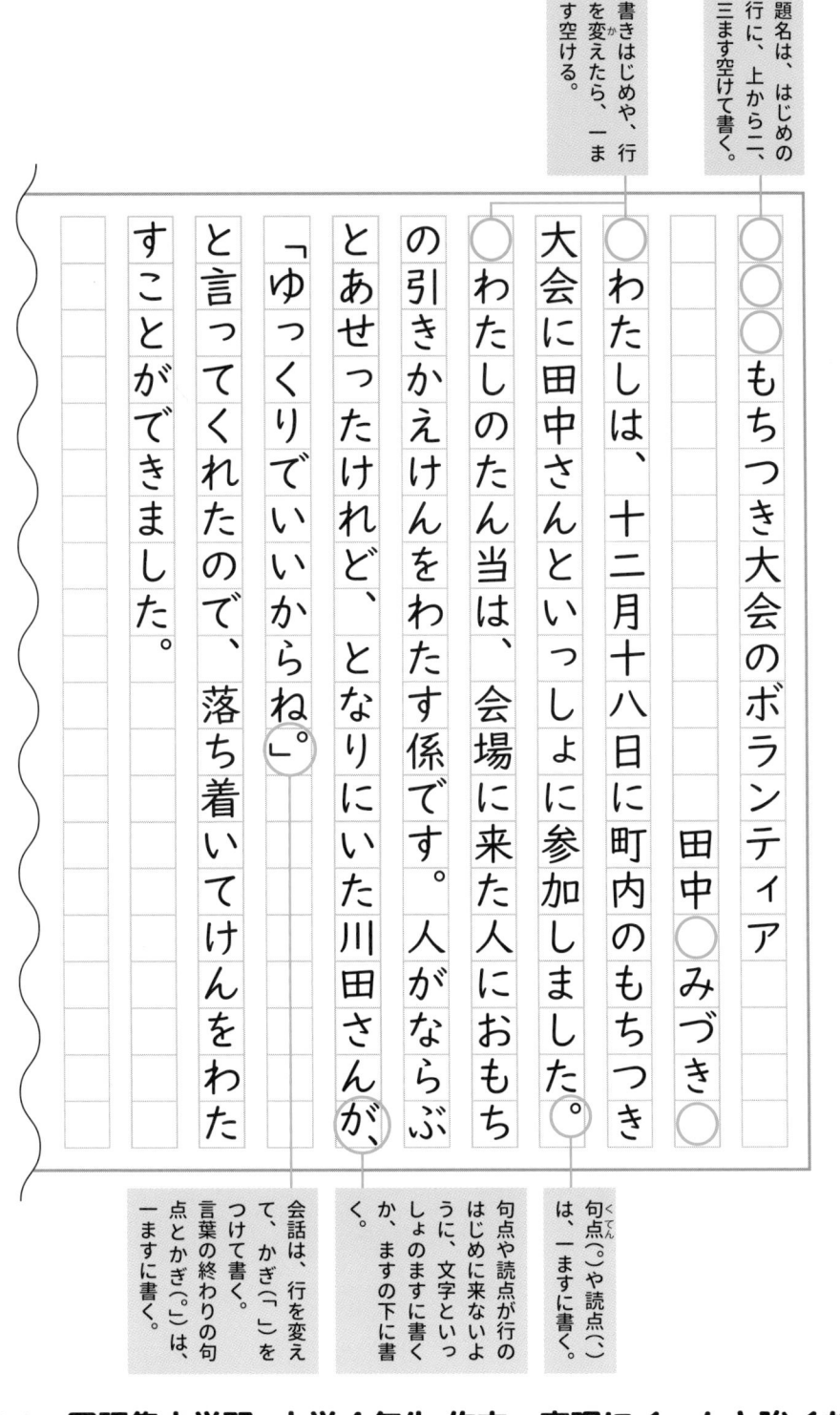

小学4年生

作文・表現《ひょうげん》に ぐーんと強くなる

別《べっ》冊《さつ》 解《かい》答《とう》例《れい》

・（例《れい》）は，作文のお手本をしめしています。
問題文の指《し》じにしたがって書けていたら○をつけてください。

・書き方にまよったときは，お手本とかい説《せつ》をよく読んで，
自分の作文を書くヒントにしましょう。
まねして書いてみてもよいでしょう。

おうちの方へ

本書は，教科書や学校の宿題等でよく出る作文テーマごとに，書きたい内容を考えて，言葉や文を書き出して作文メモを作り，メモをもとに文章を書く練習を進めていきます。各回の問題文の指示や，まとめコーナーで学んだ作文の組み立てにそって書けていたら，○をつけてあげてください。

4・5ページ

1 自分の長所と短所を書く①

自分の長所や短所の見つけ方

まず、自分自身をふり返ってみましょう。

◆先生や家の人にほめられたり、感心されたりしたことを思い出してみよう。

例・あいさつの声が元気で明るい。
・いつもにこにこしていて、やさしい。
・絵や歌がうまいとほめられた。

これは長所だね。

◆先生や家の人に注意されたり、しかられたりしたことを思い出してみよう。

例・宿題をわすれて注意された。
・ねぼうして、ちこくしそうになった。
・部屋が散らかっていても、かたづけない。

これは短所だね。

このようなことから、自分のこんなところがいいなと思うところ（長所）と、変えたほうがいいなと思うところ（短所）を考えてみよう。

❶ みづきさんについてのまん画を見て、後の問題に答えましょう。

みづきさん
高いとび箱がとべない…。
何回も練習したよ。
やった！できた。

(1) みづきさんが自分の長所について書いたメモの、（　）に合う言葉を書きましょう。うすい字はなぞりましょう。

初《はじ》め、（高い）とび箱がとべなかったが、（何回）も練習して、最後《さいご》には（とぶ）ことができた。わたしの長所は、（あきらめない）で、できるまでやるところだ。

❷ みづきさんについてのまん画を見て、後の問題に答えましょう。

（学校で）
宿題のプリント、家に置いてきちゃった！
（家で）
借りた本を学校に置いてきちゃった！

(1) みづきさんが自分の短所について書いたメモの、（　）に合う言葉を書きましょう。うすい字はなぞりましょう。

（宿題）のプリントを家にわすれたことがあった。学校に（借りた本）を置きわすれて、家で読めなくて、こまったこともあった。わたしの短所は、（わすれ物）が多いところだ。

❸ あなたの考える、自分の長所と短所を書きましょう。

(1) あなたの長所
例 あきらめないで、できるまでやるところ。
（例）だれとでもすぐに友達になれるところ。

(2) 長所によって、うまくできたこと。
例 高いとび箱を、何回も練習してとべるようになった。
（例）話したことがない人にも、自分から話しかけて、すぐに仲良くなれたこと。

(3) あなたの短所
例 わすれ物が多いところ。
（例）めんどうなことや、いやなことを後回しにするところ。

(4) 短所によって、失敗《しっぱい》したこと。
例 宿題や借りた本を置きわすれて、こまった。
（例）夏休みの宿題を計画的にやらないで、最後の日が大変だったこと。

❸(1)・(3)は「～ところ。」、(2)・(4)は「～こと。」と書こう。(2)・(4)は、みづきさんのように具体的《ぐたいてき》な出来事を思い出して書くといいよ。

6・7ページ

〈メモ〉をよく見て、合う言葉を書こう。みづきさんは、文章を「わたしの長所は～ところです。」という文から書き始めていることに注目しよう。

2 自分の長所と短所を書く②

❶ みづきさんは、自分の長所と短所を次のようなメモにしました。うすい字をなぞりましょう。

〈みづきさんのメモ〉

長所	（あきらめない）で、できるまでやるところ。
長所によってうまくできたこと	とべなかった高いとび箱を、（何回も）練習して、とべるようになったこと。
短所	（わすれ物）が多いところ。
短所によって失敗《しっぱい》したこと	（宿題）のプリントを家にわすれたり、借りた本を（学校）に置きわすれたりして、こまったこと。

長所はいいところ、短所は悪いところだよ。

❷ みづきさんの長所と短所をしょうかいする文章の（　）に合う言葉を、上の〈みづきさんのメモ〉からさがして書きましょう。

〈みづきさんの文章〉

わたしの長所は、どんなことも（あきらめない）で、できるまでやるところです。

体育で、（高い）とび箱がとべませんでしたが、何回も練習して、最後にはとべるようになりました。

わたしの短所は、（わすれ物）が多いところです。

宿題の（プリント）を家にわすれたり、（借りた本）を学校に置きわすれたりして、とてもこまったことがありました。

❸ 〈みづきさんのメモ〉を参考《さんこう》にして、あなたの長所と短所についてのメモを作りましょう。5ページの❸で書いたことを、メモにまとめましょう。

〈あなたのメモ〉（例）

長所	だれとでも、すぐに友達になれるところ。
長所によってうまくできたこと	話したことがない人にも、自分から話しかけて、すぐに仲良くなれたこと。
短所	めんどうなことや、いやなことを後回しにするところ。
短所によって失敗したこと	夏休みの宿題を計画的にやらないで、最後の日が大変だったこと。

❹ 上の〈あなたのメモ〉を見ながら、あなたの長所と短所をしょうかいする文章を書きましょう。

▼どちらかを○でかこもう。

（例）（ぼく・わたし）の長所は、だれとでもすぐに友達になれるところです。あまり話したことのない人にも自分から話しかけて、すぐに仲良くなれます。

（ぼく・わたし）の短所は、めんどうなことや、いやなことを後回しにするところです。夏休みの宿題を計画的にやらないで、夏休みの最後の日になってからやり始めたので、とても大変でした。

ドリルの5ページで書いた内ようを〈メモ〉の形にまとめよう。

みづきさんの文章を参考《さんこう》に、文の最後《さいご》を「です」「ます」で書いてみよう。

8・9ページ

3 家族をしょうかいする①

家族をしょうかいする文章の書き方

あなたの家族のことをしょうかいする文章を書いてみましょう。

① しょうかいする家族を決めよう。

例 父・母・兄・弟・姉・妹・おじいさん・おばあさん など

② その人の様子を思いうかべてみよう。

◆どんな人かな？

例 やさしい・おとなしい・うるさい など

◆どんな人がわかる出来事があるかな？

例 ・お父さんは野球が上手で、いつもキャッチボールの相手をしてくれる。

◆その人の好きなところはどんなところかな？

例 ・おばあさんの、料理上手なところが好き。
・お兄ちゃんの、休みの日にいっしょにつ

❶ しゅうさんは、弟をしょうかいする文章を書くことに決めました。弟の様子について、次のまん画を見て、後の問題に答えましょう。

弟は、こん虫が好きなんだ。
しゅうさん▼
図かん
細かいところまでていねいにかいているなぁ……。

(1) しゅうさんの弟が好きなものは何ですか。

（こん虫）

(2) (1)がわかる様子を書いた次の文章の（ ）に合う言葉を書きましょう。

（図かん）を見ながら、よくこん虫の絵を（細かい）ところまでていねいにかいていて、びっくりした。

まん画から、しゅうさんの弟についてわかることを答えよう。

❷ しゅうさんの弟の様子について、次のまん画を見て、後の問題に答えましょう。

弟は、こん虫がすんでいる場所や、食べている物まで、覚えているんだ。
日あたりのいい、畑や草地にいるよ。キャベツなどの葉を食べるんだよ。
しょう来は、こん虫はかせになりたい。
図かん

(1) しゅうさんの弟は、こん虫のどんなことまで覚えていますか。

（例）・（どんな場所にすんでいるか。）

（例）・（何を食べているか。）

(2) 弟は、しょう来、何になりたいと言っているでしょうか。

（こん虫はかせになりたい。）

❸ あなたの家族のことをしょうかいする文章を書きます。次の問題に答えましょう。

(1) だれについて書きますか。

（例）（おばあちゃん）

(2) (1)の人は、どんな人ですか。

（例）（フラダンスに熱中している。）

(3) (1)の人がらや様子がわかる出来事を書きましょう。

（例）（・仲間といっしょに発表会に出る。
・町のお祭りでおどる。
・とても楽しそうにおどっている。
・フラダンスを教えてくれる。）

(4) その人のどんなところが好きですか。

（例）（やさしくて、いつもにこにこしているところ。）

❸(2)は、その人がいつもしていることや、うちこんでいること、大事にしていることなどを書こう。「やさしい」「おもしろい」など、その人のせいかくについて書いてもいいよ。

10・11ページ

4 家族をしょうかいする②

❶ 8・9ページの❶・❷を見て、〈しゅうさんのメモ〉の（ ）に合う言葉を書きましょう。うすい字はなぞりましょう。

〈しゅうさんのメモ〉

・しょうかいする家族
（弟）

・どんな人か？
二年生で、こん虫が（大好き）だ。

・人がらがわかる出来事や様子
図かんを見ながら、こん虫の（絵）をよくかいている。（細かいところ）まで、ていねいにかいてある。こん虫の名前だけでなく、すんでいる（場所）や、何を食べるかまで覚えている。しょう来は（こん虫はかせ）になりたい。

・好きなところ
自分がむちゅうになれることがあって、すごいなと思う。

〈メモ〉をよく見て、合う言葉を書こう。しゅうさんは、文章を「ぼくの弟をしょうかいします。」という文から書き始めていることに注目しよう。

❷ 〈しゅうさんのメモ〉を見ながら、〈しゅうさんの文章〉の（ ）に合う言葉を書きましょう。

〈しゅうさんの文章〉

ぼくの（弟）をしょうかいします。

弟は二年生で、（こん虫）が大好きです。図かんを見ながら、こん虫の（絵）をよくかいています。細かいところまで（ていねい）にかいてあります。そして、こん虫の名前だけでなく、（すんでいる場所）や、何を食べるかまで覚えています。しょう来は、（こん虫はかせ）になりたいそうです。

弟を見ていて、自分がむちゅうになれることがあって、（すごいな）と思います。

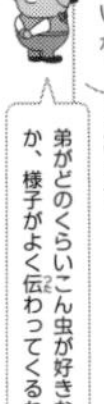

弟がどのくらいこん虫が好きなのか、様子がよく伝わってくるね。

❸ あなたの家族のことをしょうかいする文章を書きます。9ページの❸で書いたあなたの家族のことをメモにまとめましょう。

〈あなたのメモ〉（例）

・しょうかいする家族
おばあちゃん

・どんな人か？
フラダンスに熱中している。

・人がらがわかる出来事や様子
仲間といっしょに発表会に出る。町のお祭りでおどる。とても楽しそうにおどっている。おばあちゃんにフラダンスを教えてもらって、いっしょにおどっている。わかりやすく教えてくれる。

・好きなところ
やさしくて、いつもにこにこしているおばあちゃんが大好き。

「どんな人か？」がわかる出来事や様子を書こう。

その人が、いつもしていることやとく意なことなどを書こう。

ドリルの9ページ❸で書いた内ようを〈メモ〉の形にまとめよう。

❹ 上の〈あなたのメモ〉を見ながら、あなたの家族をしょうかいする文章を書きましょう。（例）

しょうかいする家族 ／ どんな人か？ ／ 人がらがわかる出来事や様子 ／ 好きなところ

（わたしのおばあちゃん）をしょうかいします。

（おばあちゃん）は、（フラダンスに熱中しています）。

仲間といっしょに発表会に出たり、町のお祭りでおどったりして、とても楽しそうです。そんなすがたを見ていたら、わたしもおどってみたくなり、おばあちゃんに教えてもらって、いっしょにおどっています。うでや体の動かし方までていねいに教えてくれます。

わたしは、やさしくていつもにこにこしているおばあちゃんが大好きです。

しゅうさんの文章を参考に、文の最後を「です」「ます」で書いてみよう。

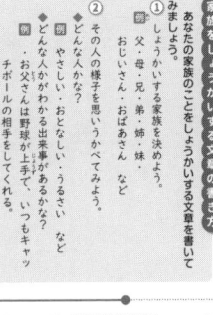

12・13ページ

5 住んでいる町をしょうかいする①

町をしょうかいする文章の書き方

住んでいる町がどんな所で、どんな建物やしせつがあり、どんな行事や名物があって、どんな人たちが住んでいるかなどをしょうかいする文章を書いてみましょう。

① あなたが住んでいる町の中で、好きなところや自まんできるところなどをさがして、カードに書いてみよう。

② しょうかいしたい理由も考えて、カードに書き加えよう。

例
①大きな川がある。 ②夏には、この河川じきで花火大会があるから。
①近くに山がある。 ②春はさくらが、秋には紅葉がきれいだから。
①古くからの商店街がある。 ②お祭りやもよおし物があって楽しいから。
①近所の人たちがやさしい。 ②朝夕のあいさつや、声かけをしてくれるから。

③ 調べてわかったことや感想も書いておこう。

◆町の中に、どんなしせつや行事、名物があるかなどを調べてみよう。

① 小学校三・四年の「社会」では、地いきの学習をするよ。副読本や地いきの地図、し料の中にどんなことが書かれているか見てみよう。その中に、あなたの住む町のことや関係あることが書かれているかもしれないよ。

② 役所や観光課、町の商店街などで作っているパンフレットにも、いろいろなじょうほうが出ているので、置いてあるかさがしてみよう。

③ 図書館や公民館などの公共しせつにも、町やしせつを案内するものが置かれていることがあり、参考になるよ。

④ インターネットは、いつでもかん単に調べることができるよ。また、最新のじょうほうを知ることもできるね。

〈注意〉インターネットは、じょうほうがまちがっていることもあるので、いくつかのじょうほうをかくにんして、正しいかどうかをたしかめることも必要だ。

❶ 次のみづきさんのまん画を見て問題に答えましょう。

(1) みづきさんが住んでいる町は、どんな町ですか。合うほうに○をつけましょう。
ア（　）自然が少ない町。
イ（○）自然がいっぱいの町。

(2) 川では何をしていますか。
（例）（魚つりや川遊び。）

(3) 川の周りについて、（　）に合う言葉を書きましょう。
川の周りは（ハイキングコース）になっていて、歩くと気持ちがいい。

❷ あなたの住んでいる町について、しょうかいしたいことを、〈カード〉に書き出してみましょう。（例）

〈あなたのカード〉

①好きなところ・自まんしたいところ
例 自然が多いところ。
市民が参加できる行事が多いところ。

②しょうかいしたい理由
例 大きい川が流れていて、魚つりや川遊び、野鳥観察、ハイキングなどができるから。
かそうした人が大通りをパレードする「たむら市民祭り」や「市民マラソン大会」「たこあげ大会」「スタンプラリー」など、いろいろな行事が行われているから。

③調べてわかったことや感想など
例 ゆたかな自然を守るためのほご活動もさかんだ。わたしも、町の自然を大事にしていきたい。
田村市では、住んでいる人にこの町をもっと好きになってもらえるように行事を行っているそうだ。積極的に市の行事に参加したいと思った。

12　13

みづきさんのまん画を見て、みづきさんの町についてわかることを答えよう。

例《れい》を参考《さんこう》に、あなたの住んでいる町について〈カード〉に書き出そう。③は、おうちの人に聞いたり、いっしょに調べたりして書いてもいいよ。

14・15ページ

6 住んでいる町をしょうかいする②

❶ みづきさんは、次のような〈カード〉を作りました。うすい字をなぞりましょう。

〈みづきさんのカード〉

①好きなところ・自まんしたいところ
わたしが住んでいるわか葉町は、（自然）がいっぱいの美しい町だ。

②しょうかいしたい理由
町の中に、緑川という（大きな川）が流れていて、そこで（魚つり）や川遊びをしたり、（野鳥）を観察したりする人をよく見かけるから。川の周りは、（ハイキングコース）になっていて、晴れた日に歩くと（気持ちがいい）から。

③調べてわかったことや感想など
ゆたかな自然を守るための（ほご活動）もさかんだ。わたしも、町の自然を（大事）にしていきたい。

❷ みづきさんは、上の〈カード〉をもとに、住んでいる町をしょうかいする文章を書きました。（　）に合う言葉を書きましょう。

〈みづきさんの文章〉

わたしが住んでいるわか葉町は、（自然）がいっぱいの美しい町です。

町の中に（緑川）という大きな川が流れていて、そこで魚つりや（川遊び）をしたり、野鳥を（観察）したりする人をよく見かけます。また、川の周りは、（ハイキングコース）になっていて、晴れた日に歩くと気持ちがいいです。

わか葉町は、（ゆたかな自然を守る）ためのほご活動もさかんです。わたしも、町の自然を大事にしていきたいです。

①好きなところ・自まんしたいところ　②しょうかいしたい理由　③調べてわかったことや感想など

❸ 13ページの❷の〈あなたのカード〉を見ながら、あなたが住んでいる町をしょうかいする文章を書きます。①→②→③の順番で書きましょう。（例）

ぼくが住んでいる田村市には、市民が参加できる楽しい行事がたくさんあります。

春に行われる「たむら市民祭り」では、かそうした人たちが大通りをパレードします。また、「市民マラソン大会」、「たこあげ大会」、「スタンプラリー」は、子どもからお年よりまで楽しめる行事で、毎年多くの市民が参加しています。

市役所では、「田村市をもっと好きになってもらいたい」という願いから、多くの市民が楽しめる行事を行っているそうです。これからは、市の行事に積極的に参加してみようと思いました。

あなたの町のことについて、しょうかい

14

〈カード〉をよく見て書こう。みづきさんは、「わたしが住んでいるわか葉町《ばまち》は～町です。」という文から書き始めているね。

（例）の文章のように、まず自分の町の「好きなところ・自まんしたいところ」を書いて、次にその理由、最後《さいご》に「調べてわかったことや感想」の順番《じゅんばん》で書けたかな。

①，②，③はそれぞれ，だん落を分けて書こう。だん落のはじめは一字下げて書くよ。

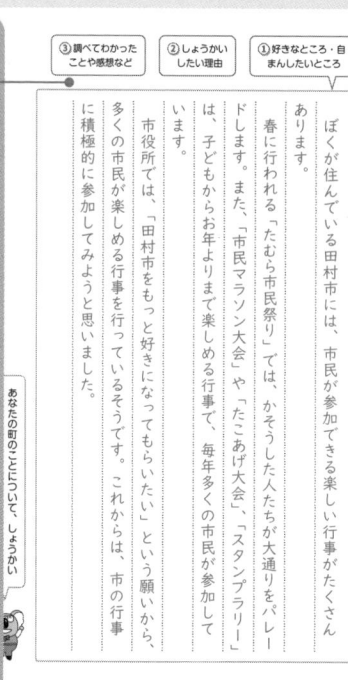

16・17ページ

7 本をしょうかいする①

あらすじをまとめてみよう

本屋さんに行くと、本の内ようやおもしろさをしょうかいする「ポップ」というものがあります。また、本にきょうみを持ってもらうために、本にかけてある紙を「帯」といいます。

ポップと帯は、短い言葉や文章で、その本のみりょくを伝える役わりをしています。

あなたも、読んだ本のおもしろさをポップに書いて、伝えてみよう。

いろいろな本の帯やポップ

ポップにはどんなことが書いてあるのかな？次の、みづきさんが作ったポップを見てみよう。

〈みづきさんのポップ〉

きょうみをひくキャッチコピーや、心に残った文を書く。

おいしいグラタンの作り方，読めます。

「こまったさんのグラタン」

寺村輝夫《てらむらてるお》　作　岡本颯子《おかもとさつこ》　絵　（あかね書房《しょぼう》）

「こまったわ」が口ぐせのこまったさんシリーズ。

今回は，だんなさんのヤマさんが作った鉄道もけいの世界にまよいこみます。ヤマさんとこまったさんは，汽車に乗っているお客さんの注文に合わせていろいろなグラタンを作ります。

出てくるグラタンはどれもおいしそうです。

二人が歌うレシピでグラタンを作ってみたくなる本です。

本の題名，作者・筆者名，本の発行所の名前など。

本のかん単なあらすじや感想を書く。

内ようにに合った絵をかいてもよい。

❶ 本のポップには、話を短くまとめた「要約《ようやく》（あらすじ）」を入れることがあります。本をしょうかいするときの要約は、あなたが、この本のポイントだと思ったところについて書きます。

(1) 上の〈みづきさんのポップ〉を見て、「話の要約」、「本のしょうかい」、「みづきさんの感想」が、それぞれア～ウのどこにあたるか、①～③の番号を書きましょう。

① 話の要約（あらすじ）
② 本のしょうかい
③ みづきさんの感想

ア（③）出てくるグラタンはどれもおいしそうです。二人が歌うレシピでグラタンを作ってみたくなる本です。

イ（①）今回は、だんなさんのヤマさんが作った鉄道もけいの世界にまよいこみます。ヤマさんとこまったさんは、汽車に乗っているお客さんの注文に合わせていろいろなグラタンを作ります。

ウ（②）「こまったわ」が口ぐせのこまったさんシリーズ。

(2) 次の文章は、〈みづきさんのポップ〉の、本のあらすじについて書いた部分です。合っているものには○、まちがっているものには×を書きましょう。

〈みづきさんのポップ〉のあらすじ

今回は、だんなさんのヤマさんが作った鉄道もけいの世界にまよいこみます。ヤマさんとこまったさんは、汽車に乗っているお客さんの注文に合わせていろいろなグラタンを作ります。

①（×）自分の感想とまぜて書いている。
②（○）物語の中心となる登場人物が、何をするかについて書いている。
③（○）物語で、どんな出来事が起こるかについて書いている。
④（×）物語の結末《けつまつ》について書いている。

みづきさんの感想は書かれていないので①は×。物語のかん単《たん》なあらすじや出来事をしょうかいしているけれど、結末《けつまつ》は書いていないので④も×。

18・19ページ

8 本をしょうかいする②

❶ 17ページの〈みづきさんのポップ〉を参考《さんこう》に、あなたが読んだ本のポップを書いてみましょう。

(1) 読んだ本について、読書記録を書きましょう。

（例）

本の題名	こまったさんのグラタン
作者	寺村輝夫《てらむらてるお》　作／岡本颯子《おかもとさつこ》　絵
感想	出てくるグラタンはどれもおいしそうです。二人《ふたり》が歌うレシピでグラタンを作ってみたくなる本です。

〈あなたの読書記録〉

本の題名	セロ弾きのゴーシュ
作者	宮沢賢治　作／名倉靖博　絵
感想	このお話は、ゴーシュと動物たちのやりとりがおもしろいです。読んでいると、今夜はだれがやってくるのか、どんなお願いをするのか、楽しみになってきます。

しょうかいしたい本を一さつ選《えら》ぼう。まず、「読書記録《きろく》」を書いて、本のじょうほうを整理しよう。

(2) 読んだ本のあらすじをまとめてみましょう。

〈みづきさんのあらすじ〉

今回は、だんなさんのヤマさんが作った鉄道もけいの世界にまよいこみます。ヤマさんとこまったさんは、汽車に乗っているお客さんの注文に合わせていろいろなグラタンを作ります。

あらすじを書くときは、
・中心となる登場人物が、「いつ」「どこで」「何を」したのかをまとめる。
・どんな出来事が起きたかを書く。
といいよ！

〈あなたのあらすじ〉（例）

音楽だんでセロをひく係のゴーシュは、音楽会が近いというのにセロが上手にひけなくて、楽長にしかられてばかりです。ゴーシュは毎ばんおそくまで練習をしますが、そのたびにいろいろな動物がやってきて、めんどうなお願いをします。

物語の本なら，主な登場人物やあらすじを短くまとめよう。説明文《せつめいぶん》や科学読み物などは，何について書かれた本なのかを短くまとめよう。

(3) 〈あなたのポップ〉を書いてみましょう。

◆キャッチコピーの書き方
・心に残《のこ》った文を引用する。
・心に残った場面から，自分がポイントだと思った部分を決めて書く。
・見た人が「どんな本なのだろう？」と，きょうみを持つようにくふうする。

〈あなたのポップ〉

心に残った文章や，キャッチコピーを入れてみよう！

（例）

ゴーシュのふしぎな練習方法

「セロ弾きのゴーシュ」　題名

宮沢賢治　作　名倉靖博　絵　（くもん出版）

作者や画家，本の発行所の名前など

音楽だんでセロをひく係のゴーシュは，音楽会が近いというのにセロが上手にひけなくて，楽長にしかられてばかりです。ゴーシュは毎ばんおそくまで練習をしますが，そのたびにいろいろな動物がやってきて，めんどうなお願いをします。

このお話は，ゴーシュと動物たちのやりとりがおもしろいです。読んでいると，今夜はだれがやってくるのか，どんなお願いをするのか，楽しみになってきます。げん想的な絵にも注目しながら読んでみてください。

あらすじと感想

絵をかいてみよう

最後《さいご》には，「読んでみてください」のように，本をすすめる言葉を入れるのもいいね！

ポップを見た人が，本を手に取りたくなるようなキャッチコピーを書けたかな。本の中に出てくる言葉を使ってもいいよ。

『セロ弾《ひ》きのゴーシュ』宮沢賢治《みやざわけんじ》絵童話集⑥』天沢退二郎《あまざわたいじろう》・萩原昌好《はぎわらまさよし》監修《かんしゅう》（くもん出版《しゅっぱん》）

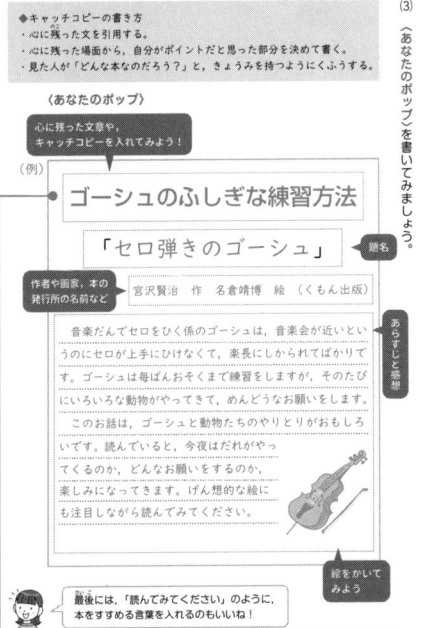

20・21ページ

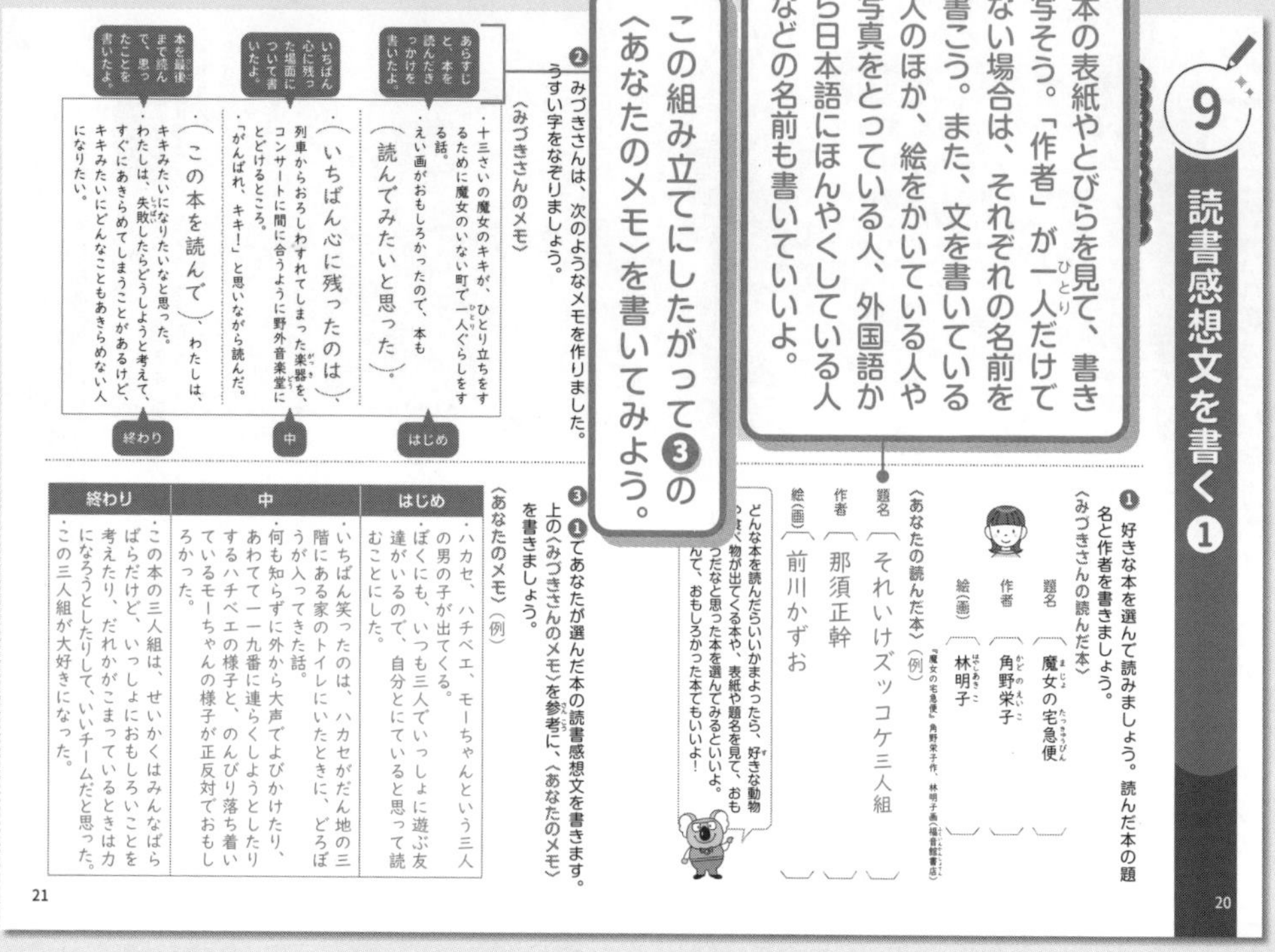

9 読書感想文を書く①

1 好きな本を選んで読みましょう。読んだ本の題名と作者を書きましょう。

〈みづきさんの読んだ本〉

題名〔魔女の宅急便〕
作者〔角野栄子〕
絵（画）〔林明子〕

『魔女の宅急便』角野栄子作、林明子画（福音館書店）

〈あなたの読んだ本〉（例）

題名〔それいけズッコケ三人組〕
作者〔那須正幹〕
絵（画）〔前川かずお〕

どんな本を読んだらいいかまよったら、好きな動物や物が出てくる本や、表紙や題名を見て、おもしろそうだなと思った本を選んでみるといいよ。おもしろかった本でもいいよ！

2 みづきさんは、次のようなメモを作りました。うすい字をなぞりましょう。

〈みづきさんのメモ〉

はじめ（あらすじと、本を読んだきっかけを書いたよ。）
・十三さいの魔女のキキが、ひとり立ちをするために魔女のいない町で一人ぐらしをする話。
・えい画がおもしろかったので、本も（読んでみたいと思った）。

中（いちばん心に残った場面について書いたよ。）
・（いちばん心に残ったのは）、列車からおろしわすれてしまった楽器を、コンサートに間に合うように野外音楽堂にとどけるところ。
・「がんばれ、キキ！」と思いながら読んだ。

終わり（本を最後まで読んで、思ったことを書いたよ。）
・（この本を読んで）、わたしは、キキみたいになりたいなと思った。わたしは、失敗したらどうしようと考えて、すぐにあきらめてしまうことがあるけど、キキみたいにどんなこともあきらめない人になりたい。

3 1であなたが選んだ本の読書感想文を書きます。上の〈みづきさんのメモ〉を参考に、〈あなたのメモ〉を書きましょう。

〈あなたのメモ〉（例）

はじめ	・ハカセ、ハチベエ、モーちゃんという三人の男の子が出てくる。 ・ぼくにも、いつも三人でいっしょに遊ぶ友達がいるので、自分とにていると思って読むことにした。
中	・いちばん笑ったのは、ハカセがだん地の三階にある家のトイレにいたときに、どろぼうが入ってきた話。 ・何も知らずに外から大声でよびかけたり、あわてて一一九番に連らくしようとしたりするハチベエの様子と、のんびり落ち着いているモーちゃんの様子が正反対でおもしろかった。
終わり	・この本の三人組は、せいかくはみんなばらばらだけど、いっしょにおもしろいことを考えたり、だれかがこまっているときは力になろうとしたりして、いいチームだと思った。 ・この三人組が大好きになった。

本の表紙やとびらを見て、書き写そう。「作者」が一人《ひとり》だけでない場合は、それぞれの名前を書こう。また、文を書いている人のほか、絵をかいている人や写真をとっている人、外国語から日本語にほんやくしている人などの名前も書いていいよ。

この組み立てにしたがって3の〈あなたのメモ〉を書いてみよう。

『それいけズッコケ三人組』那須《なす》正幹《まさもと》作、前川《まえかわ》かずお絵（ポプラ社）

22・23ページ

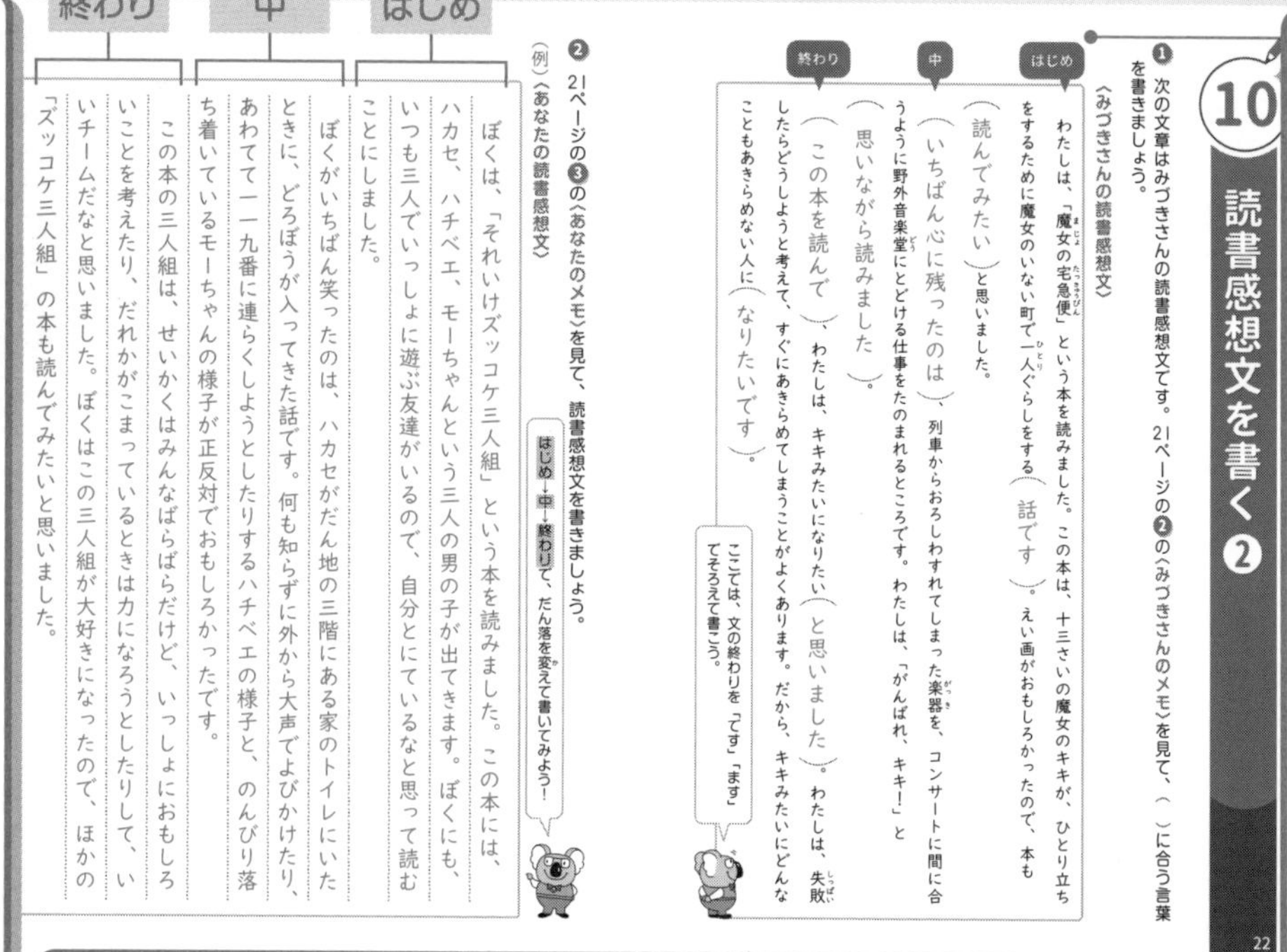

10 読書感想文を書く②

1 次の文章はみづきさんの読書感想文です。21ページの2の〈みづきさんのメモ〉を見て、（　）に合う言葉を書きましょう。

〈みづきさんの読書感想文〉

はじめ：わたしは、「魔女の宅急便」という本を読みました。この本は、十三さいの魔女のキキが、ひとり立ちをするために魔女のいない町で一人ぐらしをする（話です）。えい画がおもしろかったので、本も（読んでみたい）と思いました。

中：（いちばん心に残ったのは）、列車からおろしわすれてしまった楽器を、コンサートに間に合うように野外音楽堂にとどける仕事をたのまれるところです。わたしは、「がんばれ、キキ！」と（思いながら読みました）。

終わり：（この本を読んで）、わたしは、キキみたいになりたい（と思いました）。わたしは、失敗したらどうしようと考えて、すぐにあきらめてしまうことがよくあります。だから、キキみたいにどんなこともあきらめない人に（なりたいです）。

ここでは、文の終わりを「です」「ます」でそろえて書こう。

2 21ページの3の〈あなたのメモ〉を見て、読書感想文を書きましょう。

はじめ→中→終わりで、だん落を変えて書いてみよう！

（例）〈あなたの読書感想文〉

はじめ：ぼくは、「それいけズッコケ三人組」という本を読みました。この本には、ハカセ、ハチベエ、モーちゃんという三人の男の子が出てきます。ぼくにも、いつも三人でいっしょに遊ぶ友達がいるので、自分とにているなと思って読むことにしました。

中：ぼくがいちばん笑ったのは、ハカセがだん地の三階にある家のトイレにいたときに、どろぼうが入ってきた話です。何も知らずに外から大声でよびかけたり、あわてて一一九番に連らくしようとしたりするハチベエの様子と、のんびり落ち着いているモーちゃんの様子が正反対でおもしろかったです。

終わり：この本の三人組は、せいかくはみんなばらばらだけど、いっしょにおもしろいことを考えたり、だれかがこまっているときは力になろうとしたりして、いいチームだなと思いました。ぼくはこの三人組が大好きになったので、ほかの「ズッコケ三人組」の本も読んでみたいと思いました。

ドリルの21ページの〈みづきさんのメモ〉を見て書こう。ここでは、文の終わりを「です」「ます」にそろえて書くよ。

中は、いちばん心に残《のこ》った場面を書いたよ。（例《れい》）は「ぼくがいちばん笑《わら》ったのは、…」と書き始めている。本によっては、「いちばんおもしろかったのは、…」「この本を読んで、ぼくが初《はじ》めて知ったのは、…」などと書き始められるね。

はじめ・中・終わり，それぞれだん落を変《か》えて書けているかどうか，自分の感想文を読み返してかくにんしよう。

24・25ページ

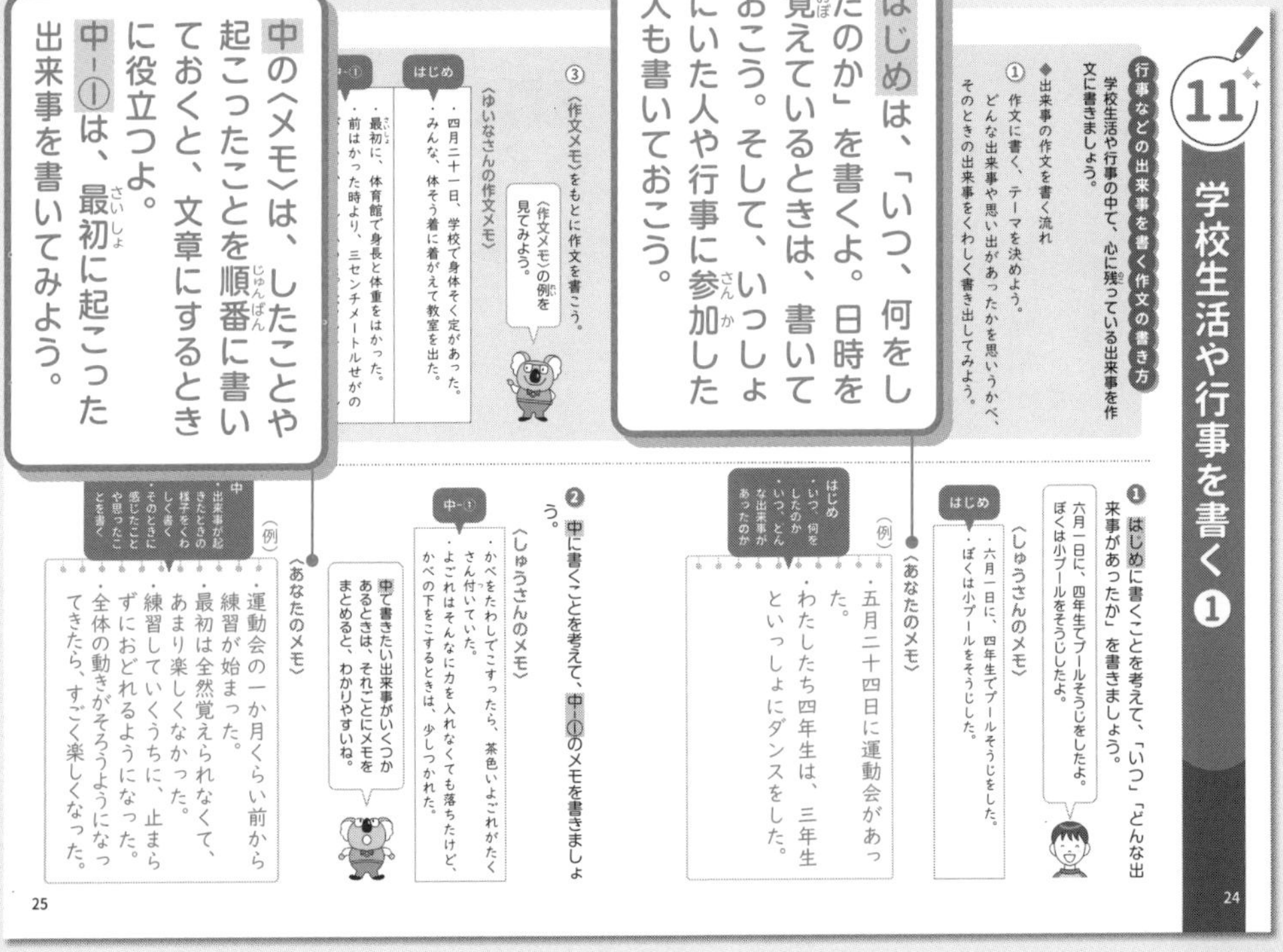
11 学校生活や行事を書く①

行事などの出来事を書く作文の書き方

学校生活や行事の中で、心に残っている出来事を作文に書きましょう。

◆出来事の作文を書く流れ

① 作文に書く、テーマを決めよう。
どんな出来事や思い出があったかを思いうかべ、そのときの出来事をくわしく書き出してみよう。

③〈作文メモ〉をもとに作文を書こう。

〈作文メモ〉の例を見てみよう。

〈ゆいなさんの作文メモ〉

はじめ
・四月二十一日、学校で身体そく定があった。
・みんな、体そう着に着がえて教室を出た。

中-①
・最初に、体育館で身長と体重をはかった。
・前はかった時より、三センチメートルせがの

1 はじめに書くことを考えて、「いつ」「どんな出来事があったか」を書きましょう。

六月一日に、四年生でプールそうじをしたよ。ぼくは小プールをそうじしたよ。

〈しゅうさんのメモ〉

はじめ
・六月一日に、四年生でプールそうじをした。
・ぼくは小プールをそうじした。

〈あなたのメモ〉

はじめ
・いつ、何をしたのか
・いつ、どんな出来事があったのか

（例）
・五月二十四日に運動会があった。
・わたしたち四年生は、三年生といっしょにダンスをした。

2 中に書くことを考えて、中-①のメモを書きましょう。

〈しゅうさんのメモ〉

中-①
・かべをたわしでこすったら、茶色いよごれがたくさん付いていた。
・よごれはそんなに力を入れなくても落ちたけど、かべの下をこするときは、少しつかれた。

中で書きたい出来事がいくつかあるときは、それごとにメモをまとめると、わかりやすいね。

〈あなたのメモ〉

中
・出来事が起きたときの様子をくわしく書く
・そのときに感じたことや思ったことを書く

（例）
・運動会の一か月くらい前から練習が始まった。
・最初は全然覚えられなくて、あまり楽しくなかった。
・練習していくうちに、止まらずにおどれるようになった。
・全体の動きがそろうようになってきたら、すごく楽しくなった。

24 25

はじめは、「いつ、何をしたのか」を書くよ。日時を覚《おぼ》えているときは、書いておこう。そして、いっしょにいた人や行事に参《さん》加《か》した人も書いておこう。

中の〈メモ〉は、したことや起こったことを順番《じゅんばん》に書いておくと、文章にするときに役立つよ。中-①は、最初《さいしょ》に起こった出来事を書いてみよう。

26・27ページ

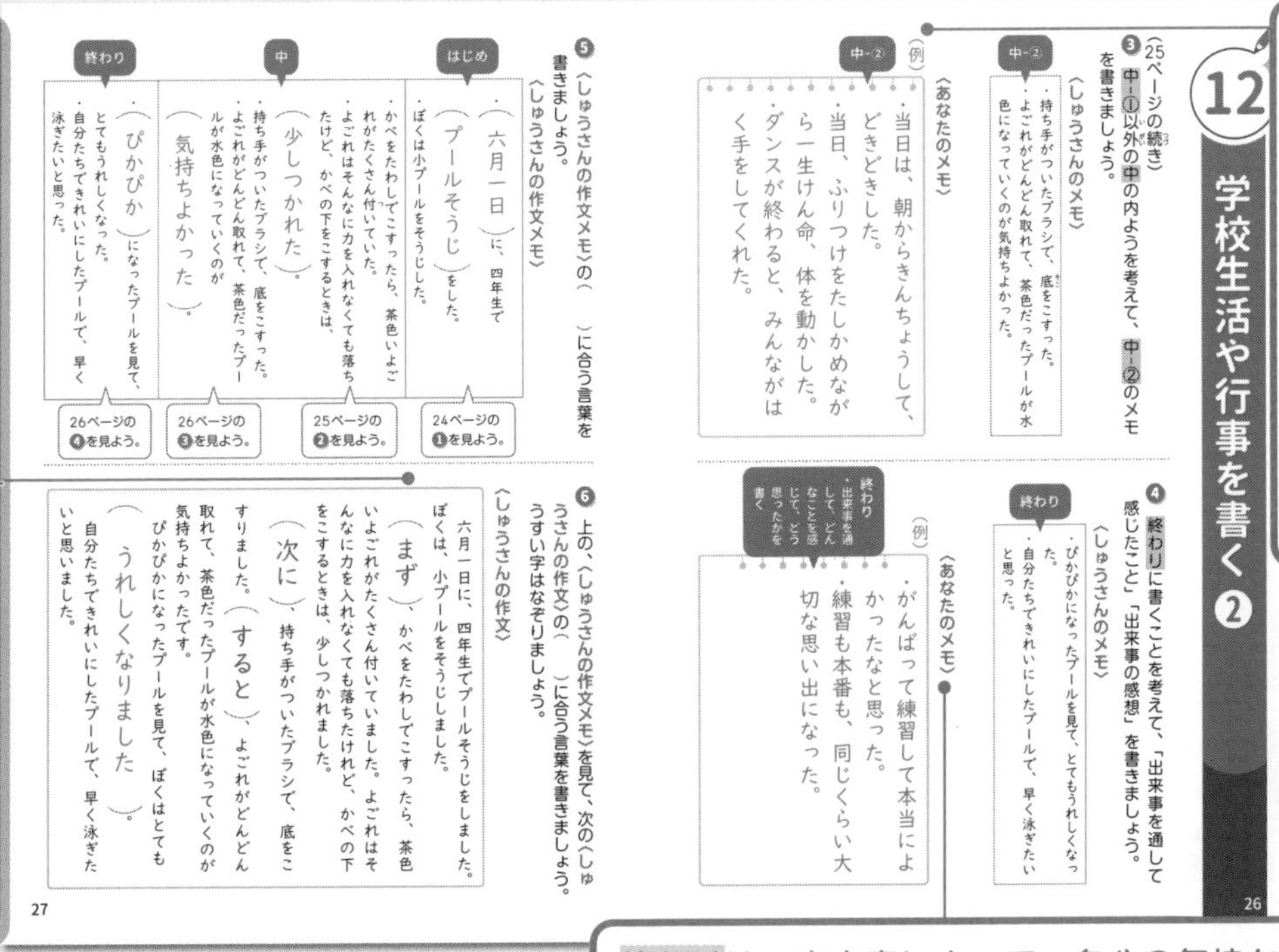
12 学校生活や行事を書く②

3（25ページの続き）中-①以外の中の内ようを考えて、中-②のメモを書きましょう。

〈しゅうさんのメモ〉

中-②
・持ち手がついたブラシで、底をこすった。
・よごれがどんどん取れて、茶色だったプールが水色になっていくのが気持ちよかった。

〈あなたのメモ〉

中-②

（例）
・当日は、朝からきんちょうして、どきどきした。
・当日、ふりつけをたしかめながら一生けん命、体を動かした。
・ダンスが終わると、みんながはく手をしてくれた。

4 終わりに書くことを考えて、「出来事を通して感じたこと」「出来事の感想」を書きましょう。

〈しゅうさんのメモ〉

終わり
・ぴかぴかになったプールを見て、とてもうれしくなった。
・自分たちできれいにしたプールで、早く泳ぎたいと思った。

〈あなたのメモ〉

終わり
・出来事を通して、どんなことを感じて、どう思ったかを書く

（例）
・がんばって練習して本当によかったなと思った。
・練習も本番も、同じくらい大切な思い出になった。

5〈しゅうさんの作文メモ〉の（　）に合う言葉を書きましょう。

〈しゅうさんの作文メモ〉

はじめ
・（六月一日）に、四年生で（プールそうじ）をした。
・ぼくは小プールをそうじした。

24ページの❶を見よう。

中
・かべをたわしでこすったら、茶色いよごれがたくさん付いていた。
・よごれはそんなに力を入れなくても落ちたけど、かべの下をこするときは、（少しつかれた）。

25ページの❷を見よう。

・持ち手がついたブラシで、底をこすった。
・よごれがどんどん取れて、茶色だったプールが水色になっていくのが（気持ちよかった）。

26ページの❸を見よう。

終わり
・（ぴかぴか）になったプールを見て、とてもうれしくなった。
・自分たちできれいにしたプールで、早く泳ぎたいと思った。

26ページの❹を見よう。

6 上の〈しゅうさんの作文メモ〉を見て、次の〈しゅうさんの作文〉の（　）に合う言葉を書きましょう。うすい字はなぞりましょう。

〈しゅうさんの作文〉

六月一日に、四年生でプールそうじをしました。ぼくは、小プールをそうじしました。
（まず）、かべをたわしでこすったら、茶色いよごれがたくさん付いていました。よごれはそんなに力を入れなくても落ちたけれど、かべの下をこするときは、少しつかれました。
（次に）、持ち手がついたブラシで、底をこすりました。（すると）、よごれがどんどん取れて、茶色だったプールが水色になっていくのが気持ちよかったです。
ぴかぴかになったプールを見て、ぼくはとても（うれしくなりました）。
自分たちできれいにしたプールで、早く泳ぎたいと思いました。

26 27

中-②は、中-①の次に起こった出来事を書いてみよう。

起こった出来事を順番どおり書いているね。「まず」「次に」「すると」などの順《じゅん》じょを表す言葉を使って、前の文と後の文をつないでいるよ。

終わりは，出来事によって，自分の気持ちが最初とくらべてどう変わったを考えて書こう。

28・29ページ

〈メモ〉をまとめる中で、思い出したことやもっとくわしく書きたいことがあったら、書き加《くわ》えよう。

13 学校生活や行事を書く ③

❶ 24〜26ページで書いた、〈あなたのメモ〉をまとめましょう。

（例）

〈あなたの作文メモ〉

はじめ	中-①	中-②	終わり
・五月二十四日に運動会があった。 ・わたしたち四年生は、三年生といっしょにダンスをした。	・運動会の一か月くらい前から練習が始まった。 ・最初は全然覚えられなくて、あまり楽しくなかった。 ・練習していくうちに、止まらずにおどれるようになった。 ・全体の動きがそろうようになってきたら、すごく楽しくなった。	・当日は、朝からきんちょうして、どきどきした。 ・当日、ふりつけをたしかめながら、一生けん命体を動かした。 ・ダンスが終わると、みんながはく手をしてくれた。	・がんばって練習して本当によかったなと思った。 ・練習も本番も、同じくらい大切な思い出になった。
24ページ❶のメモ	25ページ❷のメモ	26ページ❸のメモ	26ページ❹のメモ

❷ 右ページの〈あなたの作文メモ〉を見て、作文を書きましょう。（例）

はじめ

　五月二十四日に運動会がありました。わたしたち四年生は、三年生といっしょにダンスをしました。

中-①（書き落とさずに、それぞれ）

　運動会の一か月くらい前からダンスの練習が始まりました。最初は全然覚えられなくて、あまり楽しくありませんでした。でも、練習していくうちに止まらずおどれるようになって、全体の動きもそろうようになってきたら、すごく楽しくなってきました。

中-②

　運動会の当日は、朝からだんだんきんちょうしてきて、「まちがえたらどうしよう。」と思って、どきどきしました。いよいよわたしたちのダンスの番になりました。ふりつけをたしかめながら、一生けん命体を動かしました。ダンスが終わると、みんながはく手をしてくれました。

終わり

　わたしは、がんばって練習して本当によかったなと思いました。練習も本番も、同じくらい大切な思い出になりました。

出来事を順《じゅん》に書けているかな。（例《れい》）の作文は、中-①で「運動会の練習の様子」、中-②で「運動会の当日の様子」を書いているよ。

30・31ページ

14 見学したことを書く ①

見学してわかったことを伝える作文の書き方

市役所・けい察《さつ》しょ・博《はく》物《ぶつ》館《かん》など、身の回りにあるいろいろな所を見学したことを作文にします。

見学から作文を書くまでの流れ

① 見学するとき

・見たことや、話を聞いたこと、気づいたことなどを書きとめて、〈見学メモ〉を作ろう。

〈しゅうさんの見学メモ〉が作文の組み立てに合うように見てみよう。

〈しゅうさんの見学メモ〉に合う言葉を書くときに、作文の組み立てにも注目しよう。

はじめ…見学した日時や場所

中…見学してわかったこと

終わり…見学した感想

の組み立てで書いているよ。

❶ しゅうさんは、清《せい》そう工場へ見学に行きました。次のまん画を見て、下の〈しゅうさんの見学メモ〉の（　）に合う言葉を書きましょう。うすい字はなぞりましょう。

〈清そう工場見学の様子〉

〈しゅうさんの見学メモ〉

はじめ

・見学した日時や場所

・十月六日　・清そう工場

・もやせるごみをしょ理する工場。

中

・見学してわかったこと

（見たこと）

動画

・集められたごみがどのようにしょ理されるかを説明する動画を見た。

ごみバンカの見学

・しゅう集車がごみを落とすごみバンカは、とても（大きく）て、（深さ）は十六メートルもある。

焼きゃくろの見学

・焼きゃくろの中の様子を見た。

・（オレンジ）色の火が、すごいいきおいでもえていた。中の温度は（八五〇）度にもなる。

（聞いたこと）

工場の人のお話

・この工場では、（ごみ）をもやしたときの熱を利用して（電気）を作り出していて、それを工場で使っているそうだ。

・ぼくは、とてもいい仕組みだと思った。

・家庭ごみを出すときは、金ぞくなどの（もやせない）ごみをまぜないように注意してほしいと話していた。

終わり

・見学した感想

・清そう工場には、ごみをもやす焼きゃくろだけでなく、有害《ゆうがい》な物質《ぶっしつ》を取りのぞくせつびや、（電気）を作り出すせつびがあると知って、とてもおどろいた。

・工場の人が教えてくれた、ごみを出すときの（注意）を家族にも伝えようと思った。

しゅうさんは、〈見学メモ〉の「見学してわかったこと」を自分で見たことと、人から聞いたことに分けてメモをしているね。

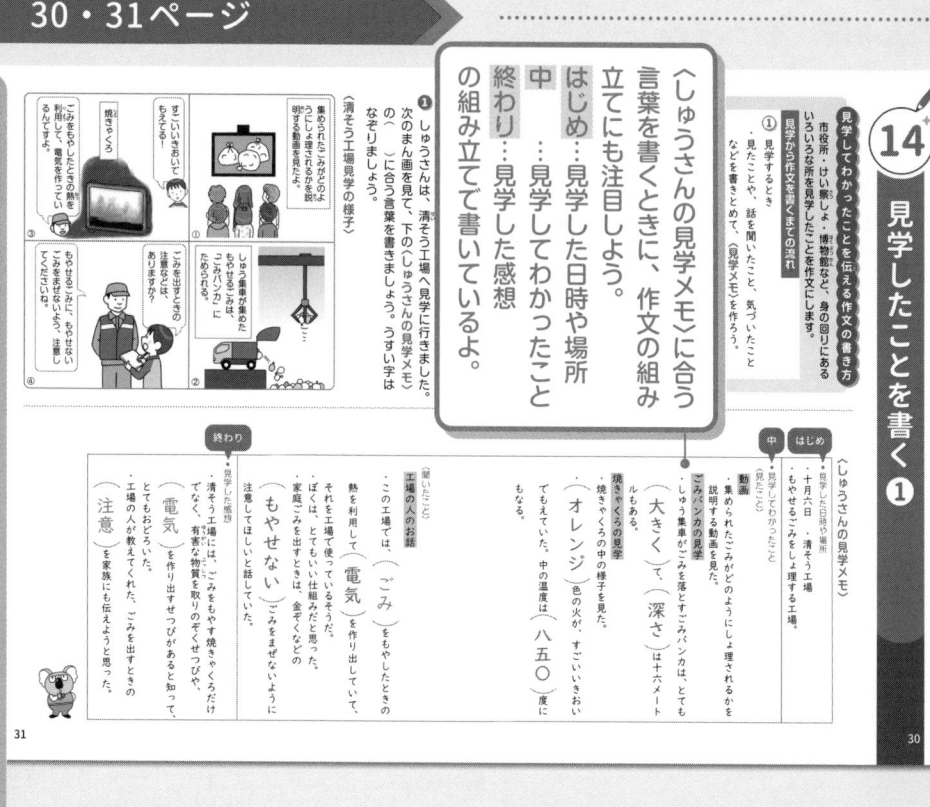

32・33ページ

〈見学メモ〉をよく見て、〈作文メモ〉の（　）に合う言葉をぬき出そう。

15 見学したことを書く ❷

❶ 〈しゅうさんの見学メモ〉と下の〈しゅうさんの話〉を見て、〈しゅうさんの作文メモ〉の（　）に合う言葉を書きましょう。

〈しゅうさんの見学メモ〉

●見学した日時や場所
・十月六日　・清《せい》そう工場
・もやせるごみをしょ理する工場。

●見学してわかったこと
〈見たこと〉

動画
・集められたごみがどのようにしょ理されるかを説明する動画を見た。

ごみバンカの見学
・しゅう集車がごみを落とすごみバンカは、とても大きくて、深さは十六メートルもある。

焼《しょう》きゃくろの見学
・焼きゃくろの中の様子を見た。
・オレンジ色の火が、すごいいきおいでもえていた。中の温度は、八五〇度にもなる。

〈聞いたこと〉

工場の人のお話
・この工場では、ごみをもやしたときの熱《ねつ》を利用《りよう》して、電気を作り出して、それを工場で使っているそうだ。
・ぼくは、とてもいい仕組みだと思った。
・家庭ごみを出すときは、金ぞくなどのもやせないごみをまぜないように注意してほしいと話していた。

●見学した感想
・清そう工場には、ごみをもやす焼きゃくろだけでなく、有害《ゆうがい》な物質《ぶっしつ》を取りのぞくせつびや、電気を作り出すせつびがあると知って、とてもおどろいた。
・工場の人が教えてくれた、ごみを出すときの注意を家族にも伝《つた》えようと思った。

〈しゅうさんの話〉

はじめに、「見学する前に知りたいと思っていたこと」を付《つ》け加《くわ》えるよ。ぼくは、かんきょうにやさしい取り組みがあるのかどうか、気になっていたんだ。

〈しゅうさんの作文メモ〉

はじめ
●見学した日時や場所
・十月六日に（清そう工場）を見学した。
・もやせるごみをしょ理する工場だ。
●見学する前に知りたいと思っていたこと
・（かんきょうにやさしい）取り組みがあるのかどうか知りたかった。

中
●見学してわかったこと
・はじめに、集められているごみがどのようにしょ理されるかを説明する動画を見た。
・次に、しゅう集車がごみを落とす（ごみバンカ）を見た。ごみバンカはとても大きくて、深さは十六メートルもある。
・その後、焼きゃくろの（中の様子）を見た。
・オレンジ色の火が、ものすごいいきおいでもえていて、中の温度は八五〇度にもなる。
・この工場では、ごみをもやしたときの熱を利用して電気を作り出していて、その電気を工場で使っているそうだ。
・ぼくは、かんきょうにもやさしくて、（とてもいい仕組み）だと思った。
・最後《さいご》に、工場の人が話をしてくれた。家庭ごみを出すときは、金ぞくなどのもやせないごみをまぜないように注意してほしいと話していた。

終わり
●見学した感想
・清そう工場には、ごみをもやす焼きゃくろ（だけでなく）、有害な物質を取りのぞくせつびや、電気を作り出すせつびがあると知って、とてもおどろいた。
・工場の人が教えてくれた、ごみを出すときの注意を家族にも（伝えようと思った）。

はじめに「見学する前に知りたいと思っていたこと」を書き加《くわ》えたしゅうさんは，中の，「見学してわかったこと」も，「かんきょうにもやさしくて，とてもいい仕組みだと思った。」と書きかえているね。

34・35ページ

16 見学したことを書く ❸

❶ 〈しゅうさんの作文メモ〉を見て、〈しゅうさんの作文〉の（　）に合う言葉を書いて、作文を完成《かんせい》させましょう。うすい字はなぞりましょう。

〈しゅうさんの作文メモ〉

はじめ
●見学した日時や場所
・十月六日に清《せい》そう工場を見学した。
・ここは、もやせるごみをしょ理する工場だ。
●見学する前に知りたいと思っていたこと
・かんきょうにやさしい取り組みがあるのかどうか知りたかった。

中
●見学してわかったこと
・はじめに、集められたごみがどのようにしょ理されるかを説明《せつめい》する動画を見た。
・次に、しゅう集車がごみを落とすごみバンカを見た。ごみバンカはとても大きくて、深さは十六メートルもある。
・その後、焼《しょう》きゃくろについたまどから、中の様子を見た。オレンジ色の火が、ものすごいいきおいでもえていて、中の温度は八五〇度にもなる。
・また、この工場では、ごみをもやしたときの熱《ねつ》を利用《りよう》して電気を作り出して、その電気を工場で使っているそうだ。
・ぼくは、かんきょうにもやさしくて、とてもいい仕組みだと思った。
・最後《さいご》に、工場の人が話をしてくれた。家庭ごみを出すときは、金ぞくなどのもやせないごみをまぜないように注意してほしいと話していた。

終わり
●見学した感想
・清そう工場には、ごみをもやす焼きゃくろだけでなく、有害《ゆうがい》な物質《ぶっしつ》を取りのぞくせつびや、電気を作り出すせつびがあると知って、とてもおどろいた。
・工場の人が教えてくれた、ごみを出すときの注意を家族にも伝《つた》えようと思った。

文の終わりは、「です」「ます」にそろえて書くよ。

「くれました」は、「くださいました」と、けい語を使って書いてみたよ。

〈しゅうさんの作文〉

清そう工場の見学

早坂《はやさか》　しゅう

ぼくは、（十月六日に清そう工場）を見学しました。

ここは、もやせるごみをしょ理する工場です。ぼくは、かんきょうにやさしい取り組みがあるのかどうか知りたいと思っていました。

（はじめに）、集められたごみがどのようにしょ理されるかを説明する動画を見ました。

（次に）、しゅう集車がごみを落とすごみバンカを見ました。ごみバンカはとても大きくて、深さは十六メートルもあります。

（その後）、焼きゃくろについたまどから、中の様子を見ました。オレンジ色の火が、ものすごいいきおいでもえていて、中の温度は八五〇度にも（なります）。

また、この工場では、（ごみをもやしたときの熱を利用して電気を作り出して、）その電気を工場で使っているそうです。

ぼくは、かんきょうにもやさしくて、とてもいい取り組みだと思いました。

（最後に）、工場の人が話をして（くださいました）。

家庭ごみを出すときは、金ぞくなどのもやせないごみをまぜないように注意してほしいと話していました。

ぼくは、清そう工場を（見学して）、清そう工場には、ごみをもやす焼きゃくろだけでなく、有害な物質を取りのぞくせつびや、電気を作り出すせつびがあると知って、とてもおどろきました。

そして、（工場の人が教えてくれた、ごみを出すときの注意を家族にも伝えようと思いました。）


〈しゅうさんの作文メモ〉をもとに、作文を完成《かんせい》させよう。「見学した」→「見学しました」、「そうだ」→「そうです」のように、文の終わりの言い方をそろえよう。

36・37ページ

組み立てにそって〈作文メモ〉を書いてみよう。(例《れい》)では、ダムを見学したことについて書いているね。見学した順番《じゅんばん》に、見たことや聞いたことを書いているよ。

17 見学したことを書く ❹

❶ あなたが見学したことの〈作文メモ〉を作ります。34ページの〈しゅうさんの作文メモ〉を参考《さんこう》に書きましょう。

〈あなたの作文メモ〉(例)

はじめ	中	終わり
●見学した日時や場所 ・七月二日にダムを見学した。 ●見学する前に知りたいと思っていたこと ・ダムで働く人がどんな仕事をしているか、知りたいと思った。	●見学してわかったこと ・まず、てん望室からダムを見た。 ・ぶあついコンクリートでできたダムは、とても大きくてはく力があった。 ・ダムの高さが一五六メートルと聞いておどろいた。 ・次に、管理センターの様子を見た。 ・いくつものそうさボタンがついた機械や、パソコンがならんでいた。 ・しょく員の人は、ここでダム全体のせつびを管理している。 ・コンピューターを使ってダムの水量や雨量などのデータを集めたり、量を調節しながら川へ水を流すためのそうさをしたりするそうだ。 ・日ごろから、ダムやそのほかのさまざまなせつびを点けんして、いじょうがないかをかくにんすることも大切な仕事だそうだ。	●見学した感想 ・ダムのせつびが、コンピューターのそうさで動いていると知っておどろいた。 ・わたしたちの生活に欠かせない水が、どんなところから来ているのかを知れてよかった。

社会科見学で行った所だけでなく、家族でたずねた場所について書いてもいいね。

図書館など、身近なしせつでもいいよ。見学先の人の話を聞けないときは、パンフレットなどを見て、知りたいことを調べてみよう。

36

❷ 右ページの❶の〈あなたの作文メモ〉を見て、作文を書きましょう。

〈あなたの作文〉(例)

題名 ダムを見学して

名前 森田 ゆきの

七月二日にダムを見学しました。わたしは、ダムで働く人がどんな仕事をしているのか知りたいと思いました。

まず、わたしたちは、てん望室からダムを見ました。ぶあついコンクリートでできたダムは、とても大きくてはく力がありました。ダムの高さが一五六メートルもあると聞いておどろきました。

次に、管理センターの様子を見せてもらいました。いくつものそうさボタンがついた機械や、パソコンがならんでいました。しょく員の人は、ここでダム全体のせつびを管理していて、コンピューターを使って、ダムの水量や雨量などのデータを集めたり、量を調節したりするそうです。

また、日ごろからダムやそのほかのさまざまなせつびを点けんして、いじょうがないかをかくにんするのも大切な仕事だそうです。

わたしは、今回ダムを見学して、ダムのせつびがコンピューターのそうさで動いていることを知っておどろきました。わたしたちの生活に欠かせない水が、どんなところから来ているのかを知れてよかったです。

37

人から聞いたことを作文に書くときには、「～そうです。」や「(○○さんから、)～と、聞きました。」「(○○さんが、)～と、教えてくれました。」などの言い方を使おう。

38・39ページ

はじめには、取り組んだきっかけもわすれず書いておこう。このきっかけや理由が、終わりの「どうなりたいか・どうしたいか」という目標《もくひょう》につながることもあるね。

18 今、取り組んでいることを書く ❶

力を入れていることや目標を伝える文章の書き方

今、取り組んでいることを作文に書くために、力を入れていることや目標を〈メモ〉にします。次の内ようを〈メモ〉に書き出しましょう。

はじめ ① 取り組んでいること、取り組んだきっかけや理由を書こう。
例《れい》・スポーツ　・楽器《がっき》
・げいじゅつ(絵、書道　など)
・そのほか(ゲーム、プラモデル、料理《りょうり》　など)

中 ② 取り組んでいることの中で、力を入れていることを書こう。
例・水泳…うでをうまく動かす練習。
・イラスト…人の顔や表じょうをかく練習。

終わり ③ どうなりたいか・どうしたいか(目標)を書こう。
例・水泳…大会でいいタイムを出したい。
・イラスト…自分でストーリーも考えて、まん画をかいてみたい。

みづきさんが書いた作文を読んでみよう。

〈みづきさんの作文〉

バドミントン

木村《きむら》 みづき

わたしは、クラブでバドミントンをがんばっています。オリンピックでバドミントンの試合《しあい》を見て感動したので、四年生になったらぜっ対にクラブに入りたいと思っていました。

今は、特《とく》に最初《さいしょ》のサーブがいいところに入るように気をつけて練習しています。また、コートの後ろの方から打っても、相手のコートにとどくように、強く打つ練習もしています。

クラブの仲間《なかま》と、何回ラリーが続《つづ》くかちょう戦《せん》するのが楽しいです。だから、どんな球が来ても打ち返せるようになりたいです。もっと上達《じょうたつ》したら、試合で思いっきりスマッシュを打ちたいです。

あなたも、今、好《す》きで取り組んでいることについて、書いてみよう!

❶ はじめは、「取り組んでいること」「取り組んだきっかけや理由」について書きます。

〈みづきさんのメモ〉

はじめ
・クラブでバドミントンをがんばっている。
・オリンピックの試合を見て感動したので、四年生になったらぜっ対にクラブに入りたいと思っていた。

わたしは、クラブでバドミントンをがんばっているよ。オリンピックの試合を見て感動したから、四年生になったらぜっ対にクラブに入りたいと思っていたんだ。

(1) あなたの作文のはじめにあたる内ようを、左のメモに書きましょう。

〈あなたのメモ〉(例)

はじめ
・料理に取り組んでいる。
・一年生のときから、お手伝いをしていた。
・最近、お母さんに教わりながら野菜いためを作ったら、とてもうまくできて、もっとがんばりたくなった。

38

❷ 中は、「取り組んでいることの中で、力を入れていること」について書きます。

〈みづきさんのメモ〉

中
・最初のサーブがいいところに入るように気をつけて練習している。
・コートの後ろの方から打っても、相手のコートにとどくように、強く打つ練習をしている。

(1) あなたの作文の中にあたる内ようを、左のメモに書きましょう。

〈あなたのメモ〉(例)

中
・休みの日の昼ご飯に、焼きそばやオムレツなどを作っている。
・オムレツは、焼く時間や火力によって、すぐこげたりかたくなったりするので、けっこうむずかしい。

39

中は、具体的《ぐたいてき》にどんな練習をしているか、特《とく》に練習を重ねていること、むずかしいと感じていることなどを考えて書こう。

40・41ページ

終わりは、あなたの目標や何ができるようになりたいかを書こう。やってみたいことでもいいよ。

19 今、取り組んでいることを書く ②

（39ページの続《つづ》き）

❸ 終わりは、「どうなりたいか・どうしたいか」について書きます。

終わり

〈みづきさんのメモ〉
・クラブの仲間《なかま》と、何回ラリーが続《つづ》くかちょう戦《せん》するのが楽しい。
・どんな球が来ても、打ち返せるようになりたい。
・もっと上達《じょうたつ》したら、試合《しあい》で思いっきりスマッシュを打ちたい。

(1) あなたの作文の終わりにあたる内ようを、左のメモに書きましょう。

〈あなたのメモ〉（例）

終わり

・これから、もっといろんな料理にチャレンジしたい。
・次に作ってみたいのは、ハンバーグ。

❹ 38～40ページで書いた〈あなたのメモ〉を、まとめましょう。加《くわ》えたいことや順番《じゅんばん》を変《か》えたいところはここで直しましょう。

〈あなたの作文メモ〉（例）

はじめ	中	終わり
・料理に取り組んでいる。 ・一年生のときから、お手伝いをしていた。 ・最近、お母さんに教わりながら野菜いためを作ったら、とてもうまくできて、それから料理をがんばるようになった。	・休みの日の昼ご飯に、焼きそばやオムレツなどを作っている。 ・オムレツは、焼く時間や火力によって、すぐこげたりかたくなったりするので、けっこうむずかしい。 ・家族がいつも「おいしいよ。」と言ってくれるのがうれしい。	・これから、もっといろんな料理にチャレンジしたい。 ・次に作ってみたいのは、ハンバーグ。

❺ 右ページの❹の〈あなたの作文メモ〉を見て、作文を書きましょう。（例）

はじめ　取り組んでいること、取り組んだきっかけや理由

中　取り組んでいることの中で、力を入れていること

終わり　どうなりたいか・どうしたいか（目標《もくひょう》）

　ぼくは今、料理に取り組んでいます。一年生のときから野菜を切ったり、もりつけをしたりするお手伝いをしていました。最近になって、お母さんに教わりながら、野菜いためを作ったら、とてもうまくできて、それから料理をがんばるようになりました。
　休みの日には、昼ご飯に焼きそばやオムレツなどを作っています。オムレツは、焼く時間や火力によって、すぐこげたりかたくなったりするので、けっこうむずかしいです。でも、家族がいつも「おいしいよ。」と言ってくれるので、うれしいです。
　これから、もっといろいろな料理にチャレンジしたいです。次はハンバーグを作ってみたいです。

39ページの〈みづきさんの作文〉を参考《さんこう》にして、文をつなぐ言葉に気をつけて書こう！

取り組んでいることは、「料理《りょうり》をがんばっています。」「料理に力を入れています。」などの書き方もできるね。

42・43ページ

今、学校で学んでいることでもいいし、学校以外《いがい》で学べること、しょう来学んでみたいことでもいいよ。

20 もっと勉強、研究したいことを書く ①

もっと勉強、研究したいことを伝える文章の書き方

もっと勉強、研究してみたいことを作文に書くために、きっかけや具体的《ぐたいてき》な内ようを〈メモ〉にします。次の内ようを〈メモ〉に書き出しましょう。

はじめ　① もっと勉強、研究したいことを書こう。
例《れい》・きょうりゅうについて、もっと研究したい。

中　② もっと勉強、研究したいと思ったきっかけや理由を書こう。
例・テレビで、今まで見つかっていなかったきょうりゅうの化石を発見したというニュースを見たから。

終わり　③ 具体的に調べてみたいことや、行ってみたい場所を書こう。
例・化石がよく発見される場所に行って、調べてみたい。

しゅうさんが書いた作文を読んでみよう。

〈しゅうさんの作文〉

星や星座《せいざ》について知りたい
早坂《はやさか》　しゅう

　ぼくは、星や星座のことをもっと勉強したいです。なぜなら、理科の星のじゅ業でプラネタリウムに行ったときに見た星空がきれいで、強く心に残《のこ》ったからです。また、そのときに聞いた星座についての話がとてもおもしろくて、もっと知りたいと思ったからです。
　季節《きせつ》ごとに見える星座が変《か》わるので、本などでその季節の星座を調べて、一年を通していろいろな星座を見てみたいです。そして、昔の人がしていたみたいに、自分で星と星を線でつないで、新しい星座の形を考えてみたいです。

あなたも、もっと勉強、研究してみたいことについて書いてみよう！

❶ はじめは、「もっと勉強、研究したいこと」について書きます。

はじめ

〈しゅうさんのメモ〉
・星や星座のことをもっと勉強したい。

ぼくは、星や星座のことをもっと勉強したいな。

(1) あなたの作文のはじめにあたる内ようを、左のメモに書きましょう。

〈あなたのメモ〉（例）

はじめ

・足が速くなる方法を研究したい。

いつも気になっていることや、もっと知りたいことは何かな？

❷ 中は、「もっと勉強、研究したいと思ったきっかけや理由」について書きます。

中

〈しゅうさんのメモ〉
・理科の星のじゅ業でプラネタリウムに行ったときに見た星空がきれいで、強く心に残ったから。
・そのときに聞いた星座についての話がおもしろくて、もっと知りたいと思ったから。

(1) あなたの作文の中にあたる内ようを、左のメモに書きましょう。

〈あなたのメモ〉（例）

中

・低学年のときは、五十メートル走でクラス一位になっていた。
・この前の体育で百メートル走をしたら、クラスで七位のタイムだったのがくやしかったから。

きっかけや理由は「～から。」という書き方でメモしておこう。

44・45ページ

どこに行って、どんなことを調べたいのか。何を使って研究・調《ちょう》さをするのか。なるべく具《ぐ》体《たい》的《てき》に書いてみよう。

21 もっと勉強、研究したいことを書く ②

❸（43ページの続《つづ》き）
終わりは、「具体的に調べてみたいことや、行ってみたい場所」について書きます。

〈しゅうさんのメモ〉

終わり
・季節ごとに見える星座《せいざ》が変わる。
・一年を通していろいろな星座を見てみたい。
・昔の人がやったみたいに、自分で星と星を線でつないで、新しい星座を考えてみたい。

(1) あなたの作文の終わりにあたる内ようを、左のメモに書きましょう。
〈あなたのメモ〉

（例）
終わり
・テレビやインターネットの動画で、スポーツ選手が走っている様子を見て、まねする。
・図書室の先生が教えてくれた本を読んで、その方法をためす。

❹ 42～44ページで書いた〈あなたのメモ〉を、まとめましょう。加えたいことや順番を変えたいところはここで直しましょう。

〈あなたの作文メモ〉（例）

はじめ	・足が速くなる方法を研究したい。
中	・低学年のときは、五十メートル走でクラス一位になっていた。 なのに、この前の体育で百メートル走をしたら、クラスで七位のタイムだったのがくやしかったから。
終わり	・速く走るためには、体の動かし方が重要。テレビやインターネットの動画で、スポーツ選手が走っている様子を見て、まねしてみたい。 ・図書室の先生が、速く走るための練習方法がわかる本を教えてくれた。 ・その本を読んで、いろいろな方法をためしてみたい。

❺ 右ページの❹の〈あなたの作文メモ〉を見て、作文を書きましょう。（例）

はじめ もっと勉強、研究したいこと
中 もっと勉強、研究したいと思ったきっかけや理由
終わり 具体的に調べてみたいことや、行ってみたい場所

わたしは、足が速くなる方法を研究したいです。

どうしてかというと、低学年のときは五十メートル走でクラス一位だったのに、この前体育で百メートル走をしたら、クラスで七位のタイムだったのがくやしかったからです。

速く走るためには、体の動かし方が重要だと思うので、テレビやインターネットの動画で、スポーツ選手が走っている様子を見て、まねしてみたいです。また、図書室の先生が、速く走るための練習方法がわかる本を教えてくれたので、それを読んで、いろいろな方法をためしてみたいと思います。

（例）は、もっと調べたいことについて「動画をまねしてみる」「練習方法《ほうほう》のわかる本を読む」と具体的に書いているね。人に話を聞いたり、本やインターネットでじょうほうを集めたりして、自分が何を勉強、研究したいのかのヒントをさがすことができるよ。

46・47ページ

・生き物の種類《しゅるい》や名前
・どんな生き物か（見た目や様子）
・育てるきっかけとなった出来事　を書くよ。

22 動植物を世話したことを書く ①

育てたことや世話したことをしょうかいする作文の書き方

家や学校でかっている動物や、世話している植物などについての作文を書きます。
作文を書く前に、次のような内ようで、〈作文メモ〉を作ろう。

〈作文メモ〉

はじめ	・どんな生き物を育てているか
中	・どんなふうに世話しているか ・生き物の様子
終わり	育てて思ったこと、感想

家や学校、クラスで育てている生き物はいるかな？身近な動物や植物を思い出してみよう。

かずまさんの書いた作文を読んでみよう！

〈かずまさんの作文〉

みんなで世話している花だん
田中《たなか》　かずま

ぼくたちは、学校の花だんで花を育てています。種類は、パンジーとマリーゴールドとデイジーで、地いきのボランティアの人に教えてもらいながら、いっしょに植えました。

朝、クラスの水やり当番が水やりをします。雨がふった次の日などは、土にじゅう分水があるので、水やりをしないこともあります。

この前、植物に話しかけると元気に育つらしいという話を聞いたので、「おはよう。」と声をかけながら水やりをしました。

花だんには、いろいろな色の花がさいていて、とてもきれいです。これからも、みんなで大切に育てていきたいです。

かずまさんがどんなふうに世話しているのかや、育てている花の様子がよくわかるね。

❶ はじめは、「どんな生き物を育てているか」について書きます。
〈かずまさんのメモ〉

はじめ
・学校の花だんで花を育てている。
・花の種類は、パンジー、マリーゴールド、デイジー。
・地いきのボランティアの人に教えてもらいながら、いっしょに植えた。

(1) あなたの作文のはじめにあたる内ようを、左のメモに書きましょう。
〈あなたのメモ〉

（例）
はじめ
・家で金魚を二ひきかっている。
・赤と白のりゅう金という種類の、りゅうちゃん。
・黒い出目金のまるちゃん。

❷ 中は、「どんなふうに世話しているか」「生き物の様子」について書きます。
〈かずまさんのメモ〉

中
・朝、クラスの水やり当番が水やりをする。
・水やりしない日もある。
・雨がふった次の日などは、土にじゅう分水があるから、水やりしなくていい。
・この前、植物に声をかけると元気に育つらしいという話を聞いた。
・花に「おはよう。」と声をかけながら水やりした。

(1) あなたの作文の中にあたる内ようを、左のメモに書きましょう。
〈あなたのメモ〉

（例）
中
・毎日えさやりをしている。
・えさをやりすぎないように注意している。
・えさの食べ残しがあると、水がよごれて、金魚の体調が悪くなるから。
・えさをやりながら、元気か観察する。
・二週間に一度、お父さんといっしょに水そうの水をかえる。

世話をしているときに気をつけていることなどがあれば、いっしょに書いておこう。

48・49ページ

育てている生き物に対するあなたの気持ちを書こう。

23 動植物を世話したことを書く ②

❸（47ページの続《つづ》き）
終わりは、「育てて思ったこと、感想」について書きます。

〈かずまさんのメモ〉
終わり
・花だんには、いろいろな色の花がさいていて、とてもきれい。
・これからも、みんなで大切に育てていきたい。

(1) あなたの作文の終わりにあたる内ようを、左のメモに書きましょう。

〈あなたのメモ〉（例）
終わり
・りゅうちゃんもまるちゃんも、ひれをゆらゆらさせて泳ぐ様子がとてもかわいい。
・これからも元気でいてほしい。
・しっかり世話をしていきたい。

感想のほかに、育てている生き物に伝えたいことを書いてもいいよ！

❹ 46～48ページで書いた〈あなたのメモ〉を、まとめましょう。加えたいことや順番《じゅんばん》を変えたいところはここで直しましょう。

〈あなたの作文メモ〉（例）

はじめ	中	終わり
・家で金魚を二ひきかっている。 ・赤と白のりゅう金という種類の、りゅうちゃん。 ・黒い出目金のまるちゃん。目がまん丸。	・毎日えさやりをしている。 ・えさの食べ残しがあると、水がよごれて、金魚の体調が悪くなるので、えさをやりすぎないように注意している。 ・えさをやりながら、元気か観察する。 ・二週間に一度、お父さんといっしょに水そうの水をかえる。	・りゅうちゃんもまるちゃんも、ひれをゆらゆらさせて泳ぐ様子がとてもかわいい。 ・これからも元気でいてくれるように、しっかり世話をしていきたい。

❺ 右ページの❹の〈あなたの作文メモ〉を見て、作文を書きましょう。

はじめ どんな生き物を育てているか
中 ・どんなふうに世話しているか ・生き物の様子
終わり 育てて思ったこと、感想

（例）
わたしは、家で金魚を二ひきかっています。一ぴきは赤と白のりゅう金という種類の金魚で、名前はりゅうちゃんです。もう一ぴきは黒い出目金で、目がまん丸なのでまるちゃんという名前です。
わたしは毎日、えさやりをしています。えさをやるときは、たくさんやりすぎないように注意しています。えさをやりすぎて食べ残しがあると、水がよごれて、金魚の体調が悪くなってしまうからです。えさをやりながら、りゅうちゃんとまるちゃんが元気かどうかを観察します。
そのほかに、二週間に一度、お父さんと水そうの水をかえています。
りゅうちゃんもまるちゃんも、ひれをゆらゆらさせて泳ぐ様子がとてもかわいいです。これからも元気でいてくれるように、しっかり世話をしていきたいです。

中で、金魚の体調を考えて注意していることがくわしく書かれているので、終わりの「これからも元気でいてくれるように、…」という気持ちが強く伝《つた》わってくるね。

50・51ページ

みづきさんのまん画をよく見て、〈原こうメモ〉に合う言葉を書きぬこう。

24 自由研究を発表する原こうを書く ①

自由研究を発表するときの原こうの書き方

あなたが身近でぎ問に思ったことや、もっと知りたいと思ったことを調べて発表する原こうを書きましょう。

調べた内ようをメモにまとめるときは、どんなことがわかったか（どんなことがわからなかったか）を書いておこう。

みづきさんの自由研究の様子を見て、〈原こうメモ〉の書き方をたしかめるよ。

〈みづきさんの自由研究〉

ゲームをしてるの？楽しそうでいいわね。
おばあちゃんが子どものころは、どんな遊びをしていたの？
おばあちゃんが子どものころはね……。
◆おばあさんが教えてくれた昔の遊び
おばあちゃんが小さいときは、お手玉や竹馬で、よく遊んだのよ。
そうなんだ！
◆図書館で調べた、昔の遊び
こんな風に遊ぶんだね……。
お手玉、竹馬に竹とんぼ、どれも、手作りしたんだ！器用だなあ……。

〈原こうメモ〉

はじめ	テーマを選んだきっかけ、理由
中	・調べ方のしょうかい ・調べてわかったこと
終わり	調べ終わって気づいたこと、思ったこと

❶ 上の〈みづきさんの自由研究〉を見て、次の〈みづきさんの原こうメモ〉の（　）に合う言葉を書きましょう。うすい字はなぞりましょう。

発表するときの原こうも、はじめ・中・終わりの流れで考えよう。

〈みづきさんの原こうメモ〉

はじめ	中	終わり
●テーマ／テーマを選んだきっかけ、理由 ・昔の子どもの遊びについて調べた。 ・おばあさんと（遊び）について話していて、昔の遊びと今の遊びはちがうなあと思ったから。	●調べ方 ・おばあさんから（聞いた）。 ・（図書館）の本で調べた。 ●調べてわかったこと （おばあさんに聞いた二つの遊び） ・（お手玉）…ぬのを丸い形にぬって、中にあずき《がずき》や大豆を入れたもの。これを、二つか三つ持って、歌を歌いながら投げ上げて遊ぶ。 ・竹馬…お父さんが竹を切って作ってくれたそうだ。竹馬に乗って、家から公園まで行ったり、友だちと競走したりしたそうだ。 （図書館の本で調べた遊び） ・（竹とんぼ）…竹を四角くけずった羽根を、細い竹のじくに差しこんだおもちゃ。飛ばして遊ぶ。子どもたちが、自分で小さいナイフを使って竹をけずって作っていたそうだ。	●調べ終わって気づいたこと、思ったこと ・手作りの遊び道具が多くておどろいた。 ・自分で遊び道具を作っていたから、昔の子どもは今の子どもよりも手先が器用だったのかもしれないと（思った）。 ・今回調べた遊びを、友達《ともだち》とやってみたいと思った。

みづきさんがまとめた〈原こうメモ〉には、図書館で調べてわかったことも書いているよ。調べてわかったことは、何かな。読んでかくにんしておこう。

52・53ページ

25 自由研究を発表する原こうを書く ②

発表するときのくふう・し料の使い方

発表するときは、聞いている人に伝《つた》わるよう、くふうしましょう。

聞いている人によびかけたり、問いかけたりする言い方で発表しよう。

よびかけたり、問いかけたりする言い方

- ~を見てください。
- ~を聞いてください。
- これは何でしょう。
- これは何だと思いますか。
- これは何だかわかりますか。
- ~を知っていますか。
- ~を知りませんか。
- ~を見たことはありませんか。

し料の使い方

調べたものをしょうかいしたり、説明《せつめい》したりするときに、聞いている人にし料を見せましょう。

- 図表 ●グラフ ●絵や写真 など

言葉だけで説明するよりも、より聞き手に伝わりやすくなり、なっとくしてもらえる発表になるよ。

❶ 50・51ページの〈みづきさんの原こうメモ〉と次のし料写真を見て、〈みづきさんの発表原こう〉の（　）に合う言葉を書きましょう。うすい字はなぞりましょう。

〈し料の写真〉

①お手玉

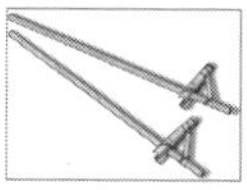

②竹馬

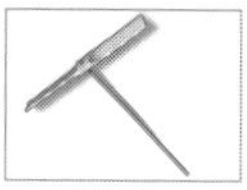

③竹とんぼ

今回発表する、昔の遊び道具の写真をそれぞれ用意したよ。

〈みづきさんの発表原こう〉

これから、（わたしの自由研究の発表を始めます）。

わたしは、昔の子どもの遊びについて調べました。調べようと思った（きっかけ（理由））は、おばあさんと遊びの話をしていて、おばあさんが子どものころと今とでは、子どもの遊びがちがうなあと感じたからです。

（まず（最初に））、おばあさんから聞いた遊びについて説明します。（みなさん）、①のおもちゃを見たことがありますか。（これはお手玉です）。ぬのを丸い形にぬって、中にあずきや大豆《だいず》を入れたおもちゃです。これを、二つか三つ持って、歌を歌いながら投げ上げて遊びます。

②の写真を見てください。これは竹馬です。わたしのおばあさんのお父《とう》さんが竹を切って作ってくれたそうです。竹馬に乗って、家から公園まで行ったり、友だちと競走《きょうそう》したりした（そうです）。

次に、（図書館の本で調べた遊び）を説明します。③の写真を見てください。これは竹とんぼといって、竹を四角くけずった羽根を、細い竹のじくに差《さ》しこんだおもちゃで、飛《と》ばして遊びます。子どもたちが、自分で小さいナイフを使って竹をけずって作っていたそうです。

（昔の遊びを調べてみたら）、手作りの遊び道具が多くておどろきました。また、自分で遊び道具を作っていたので、昔の子どもは今の子どもよりも手先が器用《きよう》だったのではないかと思いました。

今回調べた昔の遊びを、わたしも友達《ともだち》とやってみたいと思いました。

（これで、わたしの発表を終わります）。

52

〈みづきさんの発表原こう〉に合う言葉を書くときに、よびかけたり問いかけたりする言い方にも注目しよう。「これから～の発表を始めます。」「これで、～の発表を終わります。」など、あなたの原こうを書くときに使ってみよう。

54・55ページ

26 自由研究を発表する原こうを書く ③

❶ あなたが自由研究を発表するためのメモを書きましょう。50・51ページの〈みづきさんの原こうメモ〉を参《さん》考《こう》にして書きましょう。また、発表に使いたいし料《りょう》があれば、下にメモを書きましょう。

〈あなたのメモ〉（例）

はじめ	●テーマ／テーマを選《えら》んだきっかけ、理由 ・納豆《なっとう》作りにちょう戦した。 ・納豆が大好きで、お父さんが「納豆を家で作れるみたいだよ。」と教えてくれたから。
中	●調べ方／調べてわかったこと ・インターネットで作り方を調べた。 〈材料〉 ・かんそう大豆、納豆一パック、お湯 〈作り方〉 ・かんそう大豆をあらって、水に一ばんひたし、やわらかくなるまでゆでる。（写真①） ・ボウルに納豆一パックを入れて、お湯を少し入れてかきまぜる。お湯がねばねばしてきたら、そのねばねばが「納豆きん」だそうだ。（写真②） ・納豆きんが入ったお湯をゆでた大豆にふりかけて、軽くまぜてよう器にラップをかける。ラップにつまようじで五、六こあなをあける。 ・ほ温できるふくろに入れて、日当たりのよい場所に一日置く。ぼくはエアコンの室外機の上に置いた。 ・ラップを外すと、大豆にうすく白いまくがはっていた。においをかいだら納豆っぽいにおいがした。冷ぞう庫に一日入れたら完成。 ・一日たったら大豆は茶色くなって、かきまぜたらねばねばと糸をひいた。（写真③）次の日においしくなっていた。
終わり	●調べ終わって気づいたこと、思ったこと ・大豆の様子が変化していくのがおもしろかった。大豆を納豆に変える納豆きんの力はすごいなと思った。

発表するときに見せたい写真や絵，図やグラフなどを具体的《ぐたいてき》にメモしておこう。

- あなたのし料
  - 写真① 大豆をゆでている様子
  - 写真② ボウルに納豆とお湯を入れた様子
  - 写真③ 完成した納豆の様子

54

❷ 右ページの❶の〈あなたのメモ〉を見て、自由研究を発表する文章を書きましょう。（例）

これからぼくの自由研究の発表を始めます。

ぼくは、家で納豆作りにちょう戦しました。なぜやってみようと思ったかというと、ぼくは納豆が大好きで、お父さんが、「納豆を家で作れるみたいだよ。」と教えてくれたからです。

ぼくは、インターネットで作り方を調べて、さっそくやってみることにしました。材料は、かんそう大豆、納豆一パック、お湯です。

まず、かんそう大豆をあらって、水に一ばんひたし、写真①のように、やわらかくなるまでゆでます。やわらかくなるまで二時間以上かかりました。

次に、ボウルに納豆一パックを入れます。そこにお湯を少し入れてかきまぜます。写真②を見てください。このように、お湯が少しねばねばしてきます。このねばねばしているものが「納豆きん」だそうです。

それから、この納豆きんが入ったお湯を、さっきゆでた大豆にふりかけて軽くかきまぜ、よう器にラップをかけます。ラップには五、六こあなをあけます。

そして、ほ温できるふくろに入れて、日当たりのよい場所に一日置きます。ぼくは、エアコンの室外機の上に置きました。

次の日、ラップを外して大豆の様子を見ました。すると、大豆にうすく白いまくがはっていました。においをかいだら、ほんの少し納豆っぽいにおいがしました。これを冷ぞう庫に一日入れたら完成です。

一日たった納豆の写真が、写真③です。大豆は茶色くなって、かきまぜたらねばねばと糸をひきました。食べてみたら、いつも食べているものよりも、少し味がうすいなと思ったけれど、次の日に食べたら味がこくなっていておいしかったです。

納豆作りをやってみて、大豆の様子が変化していくのがおもしろかったです。大豆を納豆に変えていく納豆きんの力はすごいなと思いました。

これで、ぼくの自由研究の発表を終わります。

55

（例）《れい》は納豆《なっとう》作りの自由研究だよ。このように、料理《りょうり》や工作などにチャレンジしたことを書いてもいいね。その場合、用意した材料《ざいりょう》や作り方などを順番《じゅんばん》にメモしておこう。

納豆の完成《かんせい》まで、「まず」「次に」「それから」「そして」「次の日」などの、順《じゅん》じょを表す言葉を使って、行った作業の順番どおりに書いているよ。

発表でみんなに見せたいし料《りょう》は，ここにメモしよう。実物を見せることができる場合は，発表するときに持ってきてもいいね。

56・57ページ

日付《ひづけ》がわかる場合は書こう。わからないときは、月や季節《きせつ》など、わかるところまで書いておこう。

〈メモ〉には、出来事を順番に書いておこう。①、②、③と数字を使って書いてもいいね。

27 体験《たいけん》したことを書く ①

体験したことを伝える作文の書き方

あなたが体験して、心に残った出来事を作文に書きます。次のような順番で、書く内ようを考えましょう。

① 心に残っていることから、話題を決めよう。

どんなことを書こうかな？

② そのときの様子や自分の気持ちを思い出して、書き出そう。

むずかしかったこと、

〈作文メモ〉

はじめ	いつ、どこで、どんな体験をしたか
中	体験したことのくわしい内よう ・はじめに何があったか ・次に何があったか （いくつかある時もある） ・最後にどうしたか、どうなったか
終わり	体験して思ったこと、感想

◆順じょを表す言葉

はじめに何があったか	はじめに／まず／最初に	など
次に何があったか	次に／それから／そのあと～した後で	など
最後に何をしたか、どうなったか	最後に／終わりに	など

目標を達成できてうれしかったから、木曜日の昼休み、なわとびをしたときのことを書こうかな。

❶ はじめは、「いつ、どこで、どんな体験をしたか」を書きます。

〈みづきさんのメモ〉
・木曜日の昼休みになわとびをした。

(1) あなたの作文のはじめにあたる内ようを、次のメモに書きましょう。

〈あなたのメモ〉（例）
はじめ
・七月三十日に工芸センターで、和紙の紙すき体験をした。

❷ 中は、「体験したことのくわしい内よう」を書きます。

〈みづきさんのメモ〉
・目標は交差とび二十回。十三回しかとべなかった。
・野村さんと二人で練習したら、十五回までとべた。
・そのとおりにやったら、二十六回もとべた。

(1) あなたの作文の中にあたる内ようを、次のメモに書きましょう。

〈あなたのメモ〉（例）
中
・木のわくに和紙の原料を流しこんだ。原料は、白っぽい色でとろっとしていた。
・わくをゆらして水分を落としながら、原料が平らになるようにした。平らにゆらすのがむずかしかった。
・わくからはずしてかんそうさせたら、和紙のはがきが完成した。

56　57

58・59ページ

体験《たいけん》を通して感じた気持ちを書いてみよう。楽しい気持ちやうれしい気持ちだけでなく、悲しい気持ちやくやしい気持ちについて書いてもいいよ。

はじめは、「いつ、どこで、（だれと、）何をしたのか」を文にまとめよう。

中は、順じょを表す言葉を使って書けたかな。（例）は、「はじめに」「次に」「最後《さいご》に」という言葉を使っているね。

28 体験《たいけん》したことを書く ②

❸（57ページの続き）終わりは、「体験して思ったこと、感想」を書きます。

〈みづきさんのメモ〉
・目標が達成できて本当にうれしかった。
・次は、交差とび三十回と二重とびにちょう戦したい。

(1) あなたの作文の終わりにあたる内ようを、次のメモに書きましょう。

〈あなたのメモ〉（例）
終わり
・センターの人が作り方をわかりやすく教えてくれた。
・作る前は、はがきができたらだれかに送ろうと思っていたけれど、自分の部屋にかざりたいと思った。

❹ 56～58ページで書いた〈あなたのメモ〉を、まとめましょう。加えたいことや順番を変えたいところはここで直しましょう。

〈あなたの作文メモ〉（例）

はじめ	・七月三十日に工芸センターで、和紙の紙すき体験をした。
中	・木のわくに和紙の原料を流しこんだ。原料は、白っぽい色でとろっとしていた。 ・わくをゆらして水分を落としながら、原料が平らになるようにした。平らにゆらすのがむずかしかった。 ・わくからはずしてかんそうさせたら、和紙のはがきが完成した。
終わり	・センターの人が作り方をわかりやすく教えてくださって、とても楽しかった。 ・作る前は、はがきができたらだれかに送ろうと思っていたけれど、自分の部屋にかざりたいと思った。

❺ ❹の〈あなたの作文メモ〉を見て、作文を書きましょう。（例）

はじめ　中　終わり

ぼくは、七月三十日に工芸センターで、和紙の紙すき体験をしました。

はじめに、木のわくに和紙の原料を流しこみました。原料は、白っぽくて、少しとろっとしていました。

次に、わくをゆらして水分を落としながら、原料が平らになるようにします。わくを平らにゆらすのがむずかしかったです。

最後に、わくからはずしてかんそうさせて、和紙のはがきが完成しました。

センターの人が、作り方をわかりやすく教えてくださって、とても楽しかったです。作る前は、はがきができたらだれかに送ろうと思っていたけれど、やっぱり自分の部屋にかざりたいなと思いました。

58　59

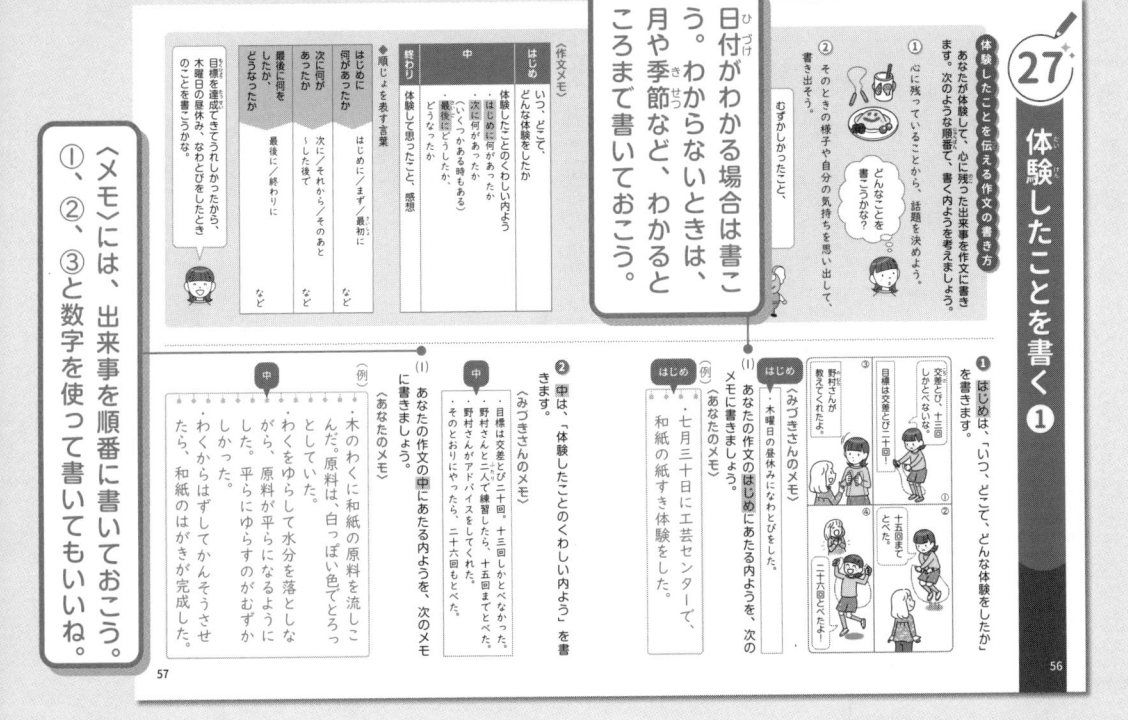

60・61ページ

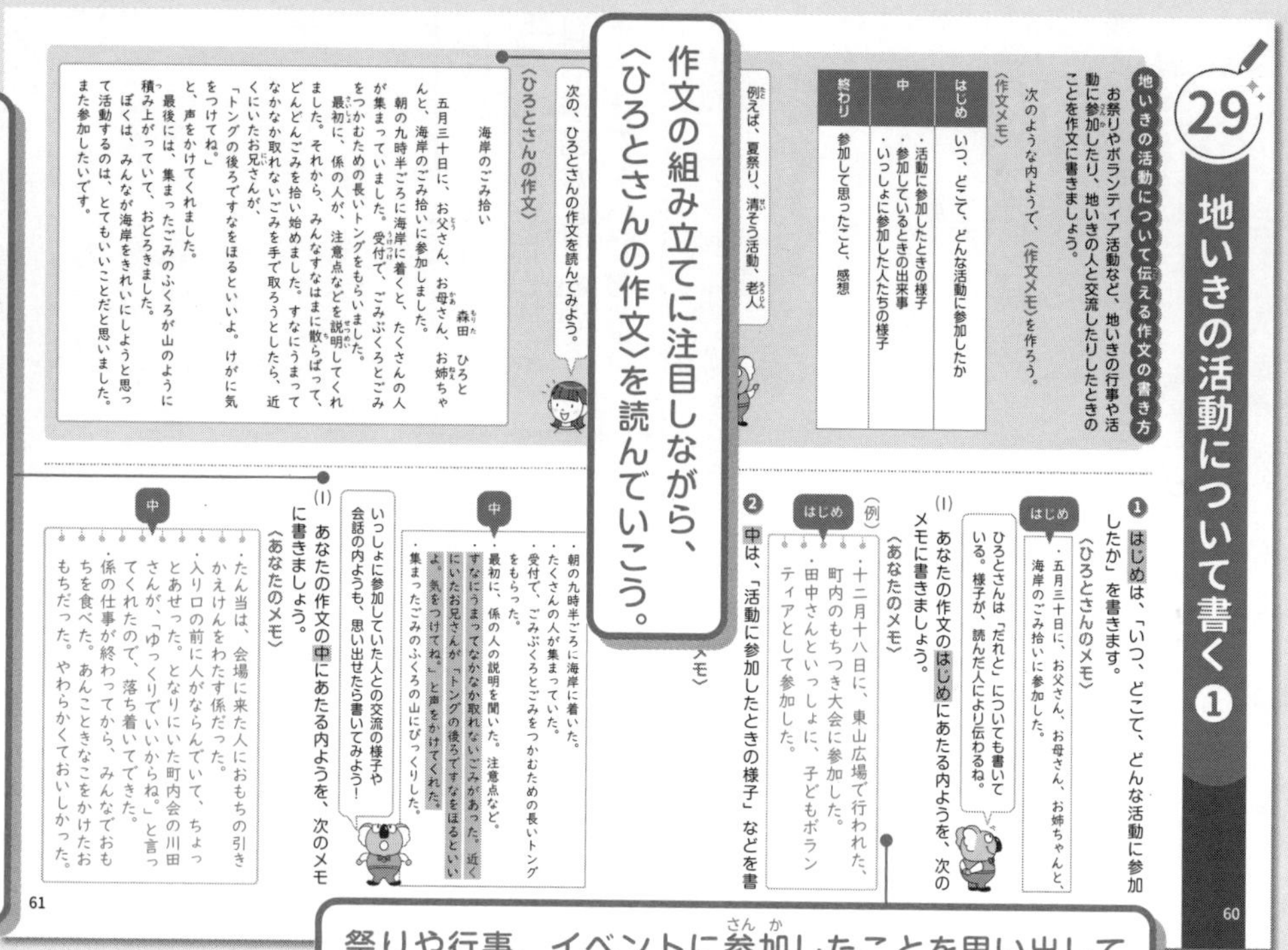
29 地いきの活動について書く❶

地いきの活動について伝える作文の書き方

お祭りやボランティア活動など、地いきの行事や活動に参加したり、地いきの人と交流したりしたときのことを作文に書きましょう。

次のような内ようで、〈作文メモ〉を作ろう。

〈作文メモ〉

はじめ	いつ、どこで、どんな活動に参加したか
中	・活動に参加したときの様子 ・参加しているときの出来事 ・いっしょに参加した人たちの様子
終わり	参加して思ったこと、感想

例えば、夏祭り、清《せい》そう活動、老人《ろうじん》

次の、ひろとさんの作文を読んでみよう。

〈ひろとさんの作文〉

海岸のごみ拾い

森田《もりた》 ひろと

五月三十日に、お父さん、お母さん、お姉ちゃんと、海岸のごみ拾いに参加しました。

朝の九時半ごろに海岸に着くと、たくさんの人が集まっていました。受付で、ごみぶくろとごみをつかむための長いトングをもらいました。

最初に、係の人が、注意点などを説明してくれました。それから、みんなはまに散らばって、どんどんごみを拾い始めました。すなにうまってなかなか取れないごみを手で取ろうとしたら、近くにいたお兄さんが、

「トングの後ろですなをほるといいよ。けがに気をつけてね。」

と、声をかけてくれました。

最後には、集まったごみのふくろが山のように積み上がっていて、おどろきました。

ぼくは、みんなが海岸をきれいにしようと思って活動するのは、とてもいいことだと思いました。また参加したいです。

❶ はじめは、「いつ、どこで、どんな活動に参加したか」を書きます。

〈ひろとさんのメモ〉

はじめ
・五月三十日に、お父さん、お母さん、お姉ちゃんと、海岸のごみ拾いに参加した。

ひろとさんは「だれと」についても書いている。様子が、読んだ人により伝わるね。

(1) あなたの作文のはじめにあたる内ようを、次のメモに書きましょう。

〈あなたのメモ〉

(例)

はじめ
・十二月十八日に、東山広場で行われた、町内のもちつき大会に参加した。
・田中さんといっしょに、子どもボランティアとして参加した。

❷ 中は、「活動に参加したときの様子」などを書きます。

〈ひろとさんのメモ〉

中
・朝の九時半ごろに海岸に着いた。
・たくさんの人が集まっていた。
・受付で、ごみぶくろとごみをつかむための長いトングをもらった。
・最初に、係の人の説明を聞いた。注意点など。
・すなにうまってなかなか取れないごみがあった。近くにいたお兄さんが「トングの後ろですなをほるといいよ。気をつけてね。」と声をかけてくれた。
・集まったごみのふくろの山にびっくりした。

いっしょに参加していた人との交流の様子や会話の内ようも、思い出せたら書いてみよう！

(1) あなたの作文の中にあたる内ようを、次のメモに書きましょう。

〈あなたのメモ〉

中
・たん当は、会場に来た人におもちの引きかえけんをわたす係だった。
・入り口の前に人がならんでいて、ちょっとあせった。となりにいた町内会の川田さんが、「ゆっくりでいいからね。」と言ってくれたので、落ち着いてできた。
・係の仕事が終わってから、みんなでおもちを食べた。あんこときなこをかけたおもちだった。やわらかくておいしかった。

60 61

作文の組み立てに注目しながら、〈ひろとさんの作文〉を読んでいこう。

出来事を順番《じゅんばん》に書いておこう。思い出せる会話や、印《いん》しょうに残《のこ》った出来事もメモしておこう。

祭りや行事，イベントに参加《さんか》したことを思い出して書いてみよう。いっしょに参加した人もメモするよ。

62・63ページ

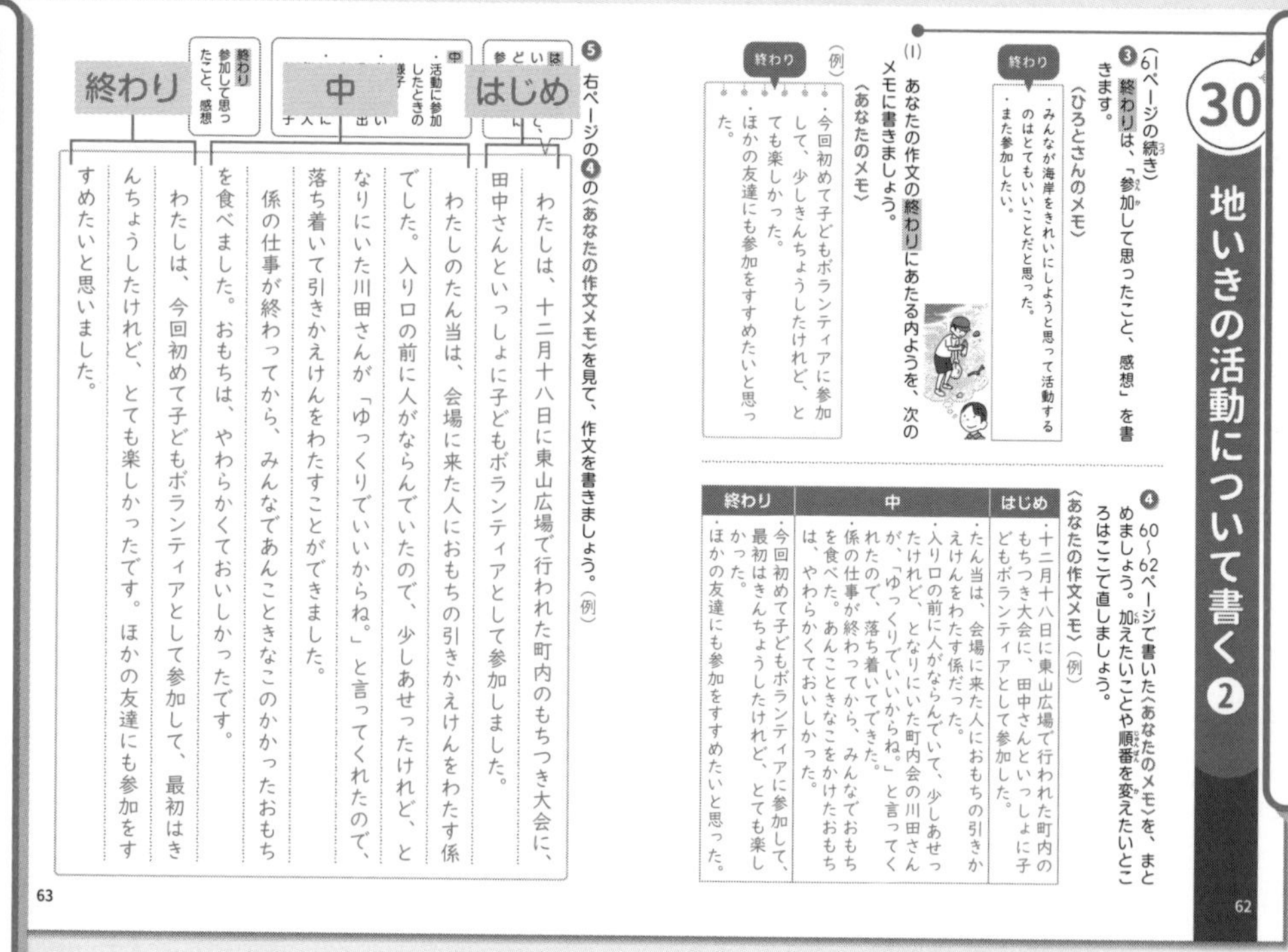
30 地いきの活動について書く❷

❸ (61ページの続《つづ》き) 終わりは、「参加して思《おも》ったこと、感想」を書きます。

〈ひろとさんのメモ〉

終わり
・みんなが海岸をきれいにしようと思って活動するのはとてもいいことだと思った。
・また参加したい。

(1) あなたの作文の終わりにあたる内ようを、次のメモに書きましょう。

〈あなたのメモ〉

(例)

終わり
・今回初めて子どもボランティアに参加して、少しきんちょうしたけれど、とても楽しかった。
・ほかの友達にも参加をすすめたいと思った。

❹ 60〜62ページで書いた〈あなたのメモ〉を、まとめましょう。加えたいことや順番《じゅんばん》を変えたいところはここで直しましょう。

〈あなたの作文メモ〉(例)

はじめ	・十二月十八日に東山広場で行われた町内のもちつき大会に、田中さんといっしょに子どもボランティアとして参加した。
中	・たん当は、会場に来た人におもちの引きかえけんをわたす係だった。 ・入り口の前に人がならんでいて、少しあせったけれど、となりにいた町内会の川田さんが、「ゆっくりでいいからね。」と言ってくれたので、落ち着いてできた。 ・係の仕事が終わってから、みんなでおもちを食べた。あんこときなこをかけたおもちは、やわらかくておいしかった。
終わり	・今回初めて子どもボランティアに参加して、最初はきんちょうしたけれど、とても楽しかった。 ・ほかの友達にも参加をすすめたいと思った。

❺ 右ページの❹の〈あなたの作文メモ〉を見て、作文を書きましょう。(例)

はじめ
わたしは、十二月十八日に東山広場で行われた町内のもちつき大会に、田中さんといっしょに子どもボランティアとして参加しました。

中
わたしのたん当は、会場に来た人におもちの引きかえけんをわたす係でした。入り口の前に人がならんでいたので、少しあせったけれど、となりにいた川田さんが「ゆっくりでいいからね。」と言ってくれたので、落ち着いて引きかえけんをわたすことができました。

係の仕事が終わってから、みんなであんこときなこのかかったおもちを食べました。おもちは、やわらかくておいしかったです。

終わり
わたしは、今回初めて子どもボランティアとして参加して、最初はきんちょうしたけれど、とても楽しかったです。ほかの友達にも参加をすすめたいと思いました。

62 63

あなたはまたその活動に参加してみたいかな？参加した感想を書きこもう。

はじめは、「いつ、どこで、(だれと、)どんな活動に参加したか」を文にまとめよう。中は、出来事の順番にそって書けたかな。

64・65ページ

31 観察《かんさつ》したことを文章に書く❶

観察文の書き方

生き物や植物を観察して、変化《へんか》の様子や特ちょうを記録してわかったことを文章にしましょう。

観察記録の文章を書く流れ

① 観察する物を決める。

② 観察して、気になったことや気づいたことを記録して、〈観察メモ〉を作る。

③ はじめ→中→終わりの順に、〈観察メモ〉をならべかえて、組み立てる。

はじめ	観察したきっかけ、理由
中	観察してわかったこと
終わり	観察して思ったこと、感想

④ ならべかえたメモをもとに、文章を作る。

観察するときの注目点

観察するときには、これらに注目してメモしましょう。

植物

- 芽が出る様子。
- 葉の形、大きさ、色がどのように変わっているか。
- くきの太さ、長さがどのように変わっているか。
- つぼみがつく様子。
- 花の大きさ、色、おしべやめしべの様子。
- 実の形、大きさ、色がどのように変わっているか。
- 葉や実のにおいはどんなか。

など

動物・虫など

- えさの種類《しゅるい》、食べる量《りょう》。
- はいせつ物の様子。
- 体の大きさ、色、もようがどのように変わっているか。
- 鳴き声。
- 活動する時間。

など

見たり、聞いたり、さわったりして、気がついたことをメモするんだね。

❶ しゅうさんは、ヘチマの観察をすることにしました。さっそく、はじめの〈観察メモ〉を作りました。

商店街《しょうてんがい》でヘチマのなえをもらったから、観察することにしたよ！ 夏にヘチマで「グリーンカーテン」を作るといいよと、なえをくれた人が説明《せつめい》してくれたんだ。でも、「グリーンカーテン」って何だろう？

〈しゅうさんの観察メモ〉

はじめ

ヘチマの観察をしたきっかけ

- 商店街でヘチマのなえをもらったから。
- 夏に「グリーンカーテン」を作るといいと説明された。

グリーンカーテンとは…

ネットなどにつる植物をからませて、カーテンのようにすること。まどの外に作って、日光が部屋に入らないようにすることで、室内の温度を下げるこう果がある。

「グリーンカーテン」がどんなものかわからなかったから、調べて説明をつけたよ。

(1) しゅうさんがヘチマを観察するときに、注目するとよい点はどんなところでしょう。次の□の中から正しいものを全て選んで記号で書きましょう。

（イ、エ、カ）

- ア　えさの種類。
- イ　葉の形、大きさ、色。
- ウ　鳴き声。
- エ　くきの太さや長さ。
- オ　はいせつ物の様子。
- カ　つぼみや花、実の様子。

＊もしあなたがヘチマを観察するとして、ほかに調べてみたいポイントがあれば、書いてみましょう。

（例）
- ・種の形や色。
- ・実ができたあとにどうなるのか。

ほかにも、葉やくきなどをさわった感じなども調べられそうだね。

66・67ページ

32 観察《かんさつ》したことを文章に書く❷

❷ （65ページの続き）しゅうさんは、ヘチマを観察した記録《きろく》を〈観察メモ〉にしておきました。

〈しゅうさんの観察メモ〉

6月1日(木)くもり
- 商店街《しょうてんがい》でヘチマのなえをもらった。
- なえの高さは15cmくらい。
- 円い葉(子葉《しよう》)2まいの間から、ギザギザの形をした本葉《ほんば》が2まい出ている。

6月8日(木)晴れ
- 本葉のまい数が5まいにふえて、子葉がしおれている。
- 高さは25cmくらい。
- 家の庭に植えかえた。
- 庭には、ネットをはっておいた。

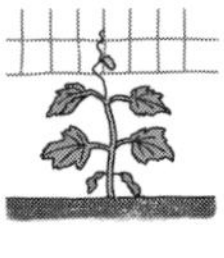

6月25日(日)くもり
- 高さは80cmくらい。
- はっておいたネットにからまりながらのびている。
- くきから細いつるがのびている。
- 葉っぱは、きゅうりのようなにおいがする。

7月2日(日)晴れ
- 高さが150cmくらい。
- 葉っぱがすごく大きくなった。大きいものは15cmくらい。
- 緑色のつぼみができた。
- つぼみは玉ねぎのような形。一か所にたくさんついている。

観察記録を残《のこ》すときは、文字だけじゃなく、絵をかいたり、写真をとっておいたりするといいよ！

7月17日(月)晴れ
- 高さは一階の天《てん》じょうくらいまでになった。2mくらい。
- 10cmくらいの黄色い花がさいた。
- 花の下にまださいていないつぼみがたくさんついている。

7月22日(土)くもり
- 花の根元が細長くふくらんでいるつぼみができた。
- 前にさいた花は、落ちてしまっていた。

観察以外で、調べてわかったこと
- 花の下につぼみがたくさんついていたのは「お花《ばな》」、花の根元が細長くふくらんでいたのは「め花《ばな》」だった。
- 「お花」と「め花」が受ふんするとヘチマの実ができる。
- 気温が高いと、くきがよくのびるらしい。

(1) 〈しゅうさんの観察メモ〉をもとに、わかったことを、ポイントごとにまとめ直しました。（　）に合う言葉を書きましょう。

中

(1) 葉

最初《さいしょ》は、（円い）形の子葉2まいと本葉2まいしかなかったけれど、1週間後には本葉が5まいにふえて、子葉は（しおれていました）。

（きゅうり）のようなにおいがしました。7月2日には、大きいものは15cmくらいになっていました。

(2) 高さ

なえをもらってきた6月1日には15cmくらいだったのに、1週間で10cmくらいのび、7月17日には（2m）くらいにまでのびました。

(3) 花

なえをもらって1か月くらいで（つぼみ）ができました。その約《やく》2週間後に花がさきました。大きさは（10cm）くらいで、黄色かったです。

⋮

〈観察《かんさつ》メモ〉は、カードやノートに書いていこう。生き物や植物が育つ様子を観察するときは、日付《ひづけ》(月日)や曜日、天気などを書いておくと、後で読み返したときに、変化《へんか》がよくわかるね。

〈観察メモ〉から（　）に合う言葉をさがして書こう。

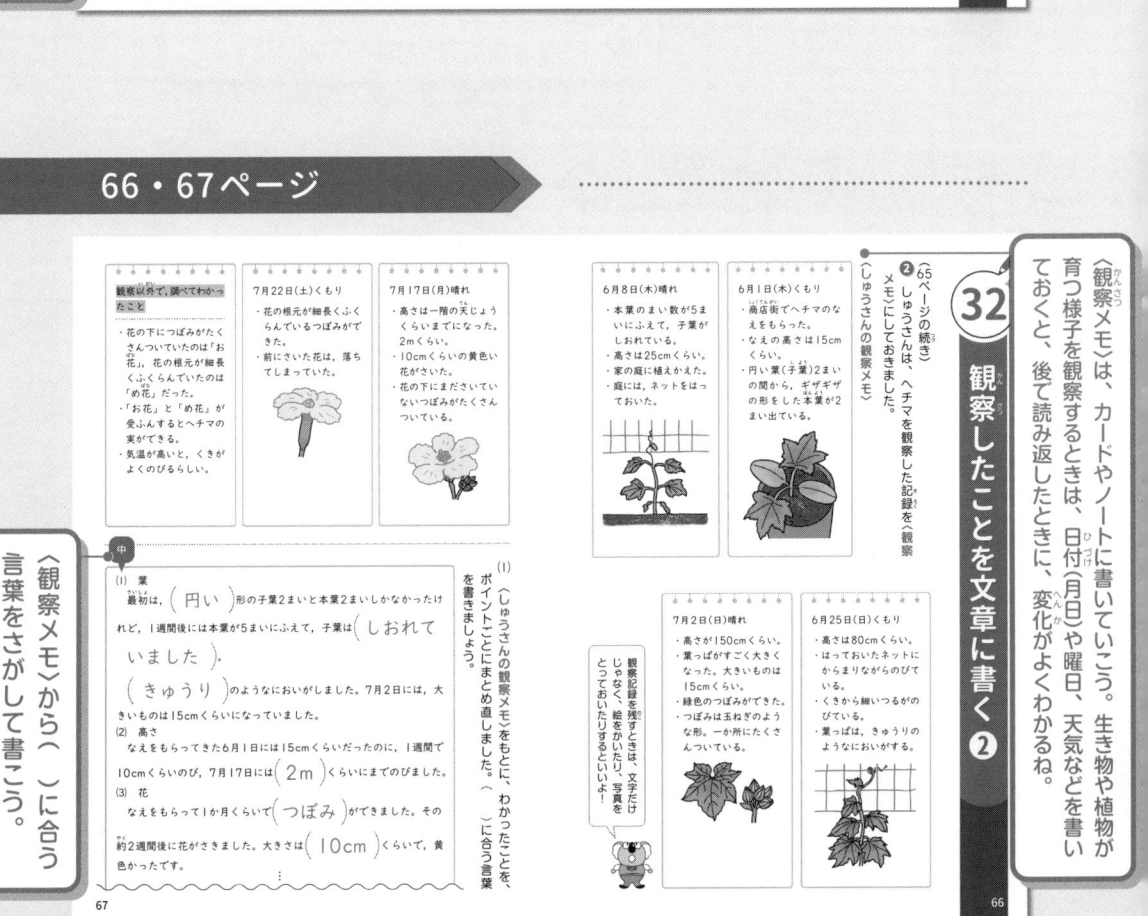

68・69ページ

33 観察《かんさつ》したことを文章に書く ③

（67ページの続《つづ》き）

◆観察して、不思議《ふしぎ》に思ったことやもっと知りたいと思ったことがあるときは、本やインターネットなどで調べてみよう。

観察以外《いがい》で，調べてわかったこと

・花の下につぼみがたくさんついていたのは「お花《ばな》」，花の根元が細長くふくらんでいたのは「め花《ばな》」だった。
・「お花」と「め花」が受ふんすると，ヘチマの実ができる。
・気温が高いと，くきがよくのびるらしい。

また、むずかしい言葉には、説明《せつめい》を加《くわ》えよう。

例《れい》 グリーンカーテンとは…ネットなどにつる植物をからませて、カーテンのようにすること。まどの外に作って、日光が部屋《へや》に入らないようにすることで、室内の温度を下げるこう果がある。

③ 64～67ページの〈しゅうさんの観察メモ〉を見て、次の〈しゅうさんの観察文〉の（　）に合う言葉を書きましょう。うすい字はなぞりましょう。

〈しゅうさんの観察文〉

へちまが成長《せいちょう》して，実ができるまで

早坂《はやさか》　しゅう

1．観察したきっかけ
　商店街でヘチマのなえをもらったので，ヘチマのなえを観察することにしました。なえを配っていた人が，ヘチマで「グリーンカーテン」を作るといいと教えてくれました。
　グリーンカーテンとは，ネットなどをはったところにつる植物をからませて，カーテンのようにすることです。まどの外に作ると，日光が部屋の中に入るのをふせぐので，室内の温度を下げる（こう果があります）。

（左ページに続く）

68

上の例《れい》で「グリーンカーテン」について調べた内ようを書いているね。

（右ページの続き）

2．観察してわかったこと
(1) 葉
　最初《さいしょ》は，円い形の子葉2まいと本葉2まいしかなかったのですが，1週間後には本葉が5まいにふえて，子葉はしおれていました。本葉は（子葉とはちがって）ギザギザしていて，葉からはきゅうり（のような）においがしました。7月2日には，大きいものは15cmくらいになっていました。
(2) 高さ
　なえをもらってきた6月1日には15cmくらいでしたが，1週間で10cmほどのび，7月17日には2mくらいにまで成長しました。
(3) 花
　なえをもらってきて1か月くらいでつぼみができました。つぼみは緑色で，玉ねぎ（のような）形をしていました。つぼみができた2週間後くらいに，黄色い10cmほどの大きさの花がさきました。
　最初にできた花の下にはつぼみがたくさんついていました。図かんで調べてみたら，これは「お花」で，花の根元が細長くふくらんでいるのは「め花」だということが（わかりました）。お花とめ花が受ふんすると，ヘチマの実ができるそうです。

3．観察した感想
　もらってきたときは小さかったヘチマのなえが，ぼくの身長をこえてどんどん大きくなっていって，ヘチマの成長はとても早いんだなと思いました。高くのびたけれど，横には広がらなかったので，カーテンのようにはならなかったのが残念《ざんねん》でした。でも，これから実がなるのが楽しみです。
　図かんで花について調べたときに，気温が高いとヘチマのくきがよくのびるということを知りました。今度ヘチマを育てるときは，気温とくきの成長の関係《かんけい》について調べてみたいと思いました。

最後の「観察した感想」のところには，しゅうさんが書いているように，観察したことでさらにきょう味をもったこと，調べてみたいと思ったことを書くのもいいね！

69

7月2日の〈しゅうさんの観察《かんさつ》メモ〉に書いているね。

「観察以外《いがい》で、調べてわかったこと」に書いているよ。

70・71ページ

34 調べたことをほうこくする ①

調べたことを整理して書く方法

知りたいことや気になったことについて調べ、わかったことをほうこくする文章を書きます。

◆調べたことを書くときの流れ

① ① 調べたいことを見つけよう。
　② 不思議《ふしぎ》に思うことや気になることを集める。
　③ その中で、特《とく》に調べたいことを決める。
　どうして調べたいと思ったのか、理由を〈メモ〉しておく。

② 調べる方法《ほうほう》を決めよう。

本や新聞記事などで調べる	知りたいことについての本や新聞記事などを、図書館などに行ってさがして読む。
人に聞く	先生やせんもん家など、くわしく知っている人に聞く。
インターネットで調べる	知りたいことに関係《かんけい》する言葉をけんさくエンジンに入力して調べる。
観察《かんさつ》する	調べるものを、よく見たりさわったりして、気づいたことを記録《きろく》する。

③ 調べたことを〈メモ〉に書こう。
　調べてわかったことと感想は分けてメモする。

④ 〈メモ〉を整理しよう。
　① 内ようのまとまりごとに、メモをならべる。
　② 内ようのまとまりに、見出しをつける。

⑤ 〈メモ〉をもとに文章を書こう。

❶ 次の(1)～(4)は、じょうほうの調べ方について書いたものです。アとイ、どちらの調べ方について書いているか、（　）に記号を書きましょう。

ア　本や新聞など　　イ　インターネット

(1) 調べたじょうほうが、信らいできる場合が多い。（ア）
(2) かん単に、最新のじょうほうを調べることができる。（イ）
(3) じょうほうがまちがっている場合もあるので、かくにんする必要がある。（イ）
(4) じょうほうが古い場合もあるので、発行された年などをかくにんする。（ア）

調べるときには、一つの調べ方だけでなく、ふく数の調べ方でじょうほうを集めて、かくにんしよう。

❷ 次の文章の□には見出しが入ります。ア～オから選《えら》んで、（　）に記号を書きましょう。

ア　調べてわかったこと
イ　調べた感想
ウ　出典《しゅってん》・参考《さんこう》し料《りょう》
エ　調べた理由
オ　調べ方

(1)（エ）　(2)（オ）　(3)（ア）　(4)（イ）　(5)（ウ）

ツバメはどうしていどうするのか

4年1組　田崎《たさき》　あお

1．　(1)
　ぼくは，学校に毎年やってくるツバメについて調べました。どうして必《かなら》ず春にやって来るのか知りたかったからです。
2．　(2)
　まず，インターネットでツバメについて調べました。それから，図書館の本でもかくにんしました。
3．　(3)
　(1)エサ
　春から秋ごろまで，ツバメのいる熱帯雨林《ねったいうりん》ではエサになる虫がいないそうです。そのため，……（りゃく）……
4．　(4)
　ツバメが日本でたくさんエサを食べて，元気に帰るといいなと思いました。
　(5)
「鳥の一年」（http://www.……jp）
（見た日　○月○日）

インターネットの場合は，サイトの名前と住所，サイトを見た日も書いておくといいよ。

71

ここでは、
1．調べた理由
2．調べ方
3．調べてわかったこと
4．調べた感想
出典《しゅってん》・参考《さんこう》し料《りょう》
の順《じゅん》で書かれているね。

72・73ページ

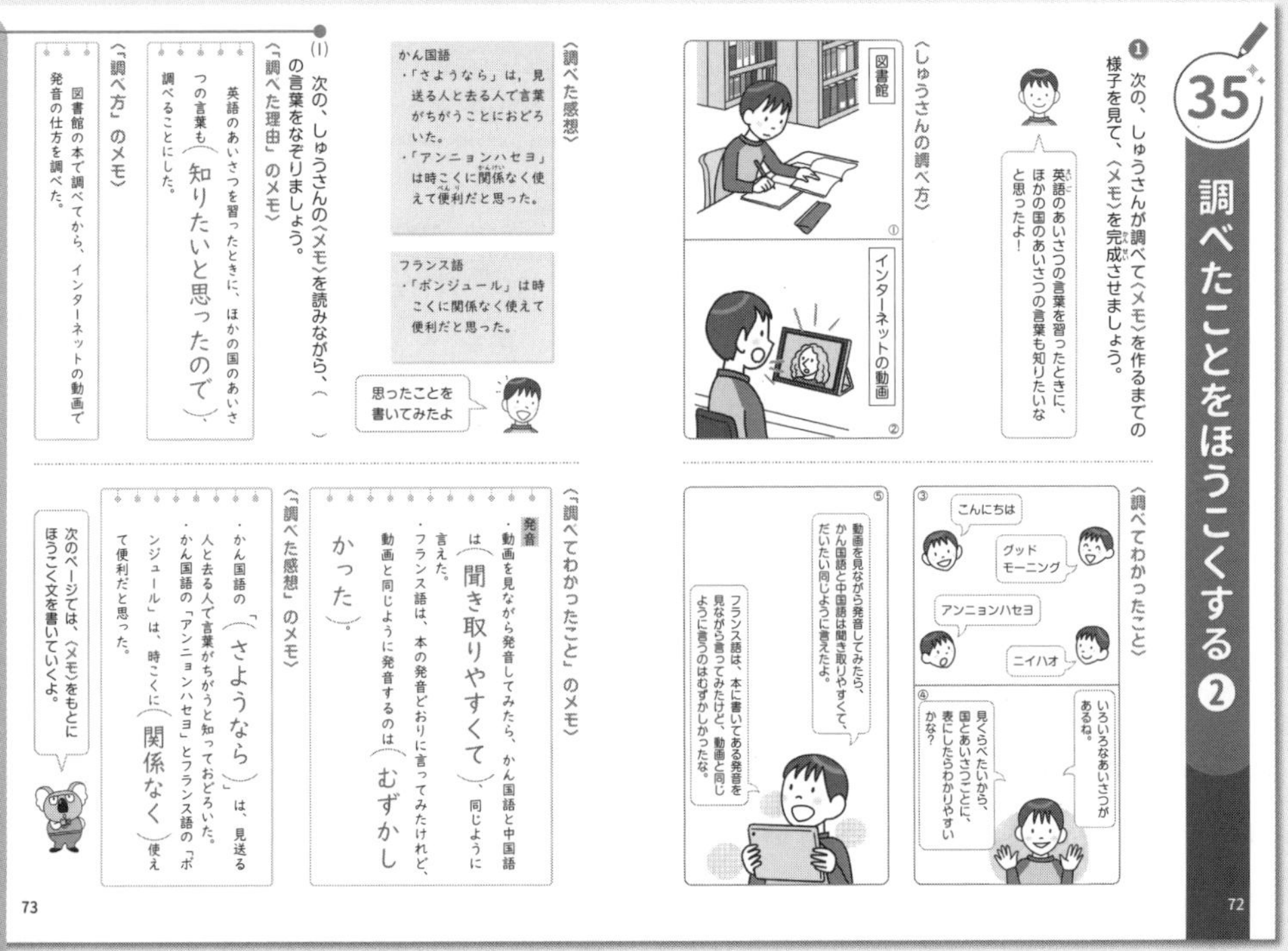

35 調べたことをほうこくする②

❶ 次の、しゅうさんが調べて〈メモ〉を作るまでの様子を見て、〈メモ〉を完成《かんせい》させましょう。

英語《えいご》のあいさつの言葉を習ったときに、ほかの国のあいさつの言葉も知りたいなと思ったよ！

〈しゅうさんの調べ方〉

〈調べてわかったこと〉

〈調べた感想〉

かん国語
・「さようなら」は，見送る人と去る人で言葉がちがうことにおどろいた。
・「アンニョンハセヨ」は時こくに関係《かんけい》なく使えて便利《べんり》だと思った。

フランス語
・「ボンジュール」は時こくに関係なく使えて便利だと思った。

思ったことを書いてみたよ

(1) 次の、しゅうさんの〈メモ〉を読みながら、（　）の言葉をなぞりましょう。

〈「調べた理由」のメモ〉
英語のあいさつを習ったときに、ほかの国のあいさつの言葉も（知りたいと思ったので）、調べることにした。

〈「調べ方」のメモ〉
図書館の本で調べてから、インターネットの動画で発音の仕方を調べた。

〈「調べてわかったこと」のメモ〉
発音
・動画を見ながら発音してみたら、かん国語と中国語は（聞き取りやすくて）、同じように言えた。
・フランス語は、本の発音どおりに言ってみたけれど、動画と同じように発音するのは（むずかしかった）。

〈「調べた感想」のメモ〉
・かん国語の「（さようなら）」は、見送る人と去る人で言葉がちがうと知っておどろいた。
・かん国語の「アンニョンハセヨ」とフランス語の「ボンジュール」は、時こくに（関係なく）使えて便利だと思った。

次のページでは、〈メモ〉をもとにほうこく文を書いていくよ。

72　73

うすい字をなぞって、しゅうさんが調べたことを〈メモ〉にどうまとめているかをかくにんしよう。作文の組み立てを考えてまとめているね。

74・75ページ

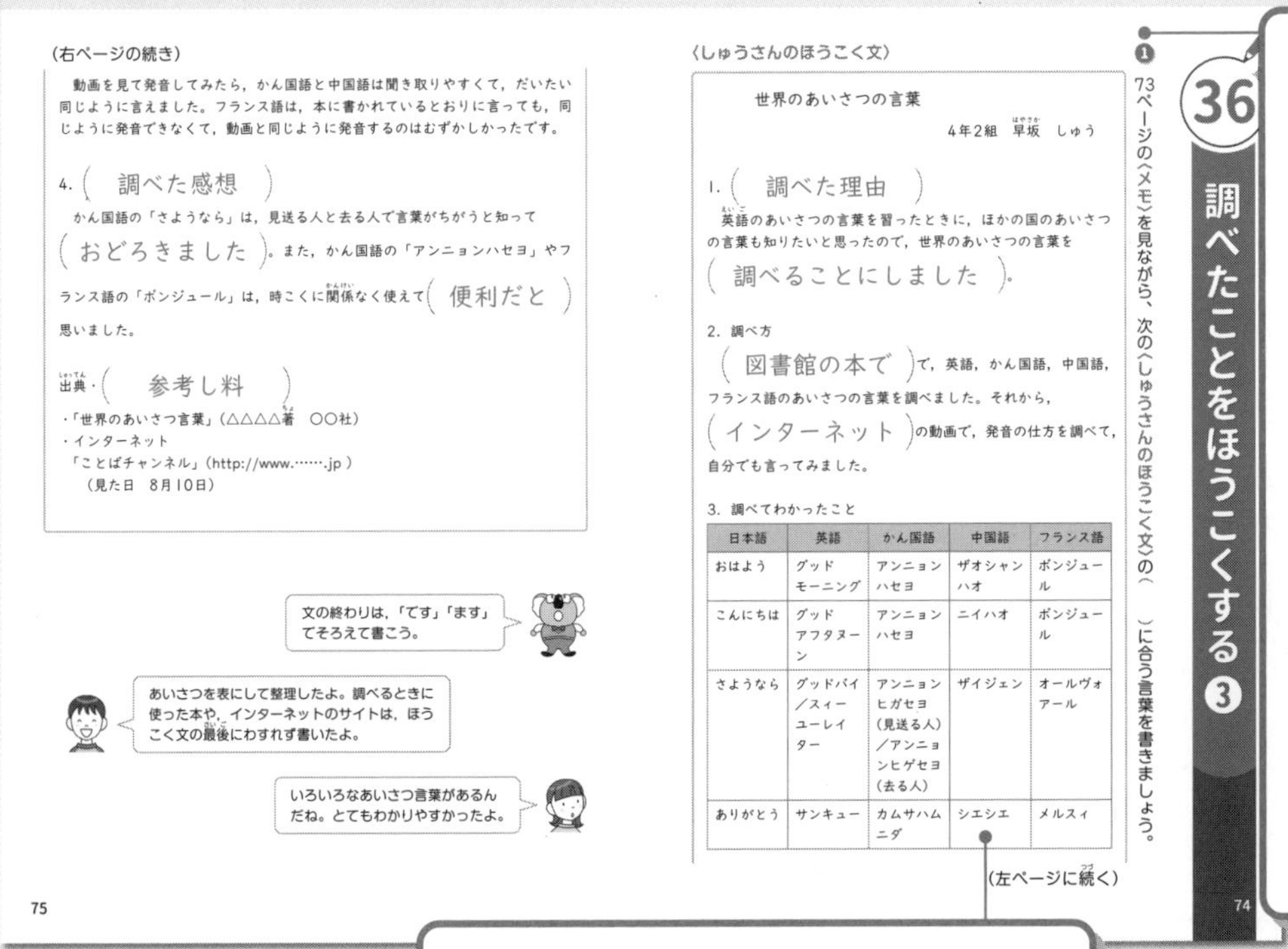

36 調べたことをほうこくする③

❶ 73ページの〈メモ〉を見ながら、次の〈しゅうさんのほうこく文〉の（　）に合う言葉を書きましょう。

〈しゅうさんのほうこく文〉

世界のあいさつの言葉

4年2組　早坂《はやさか》　しゅう

1.（ 調べた理由 ）

英語《えいご》のあいさつの言葉を習ったときに，ほかの国のあいさつの言葉も知りたいと思ったので，世界のあいさつの言葉を（ 調べることにしました ）。

2. 調べ方

（ 図書館の本で ）で，英語，かん国語，中国語，フランス語のあいさつの言葉を調べました。それから，（ インターネット ）の動画で，発音の仕方を調べて，自分でも言ってみました。

3. 調べてわかったこと

日本語	英語	かん国語	中国語	フランス語
おはよう	グッドモーニング	アンニョンハセヨ	ザオシャンハオ	ボンジュール
こんにちは	グッドアフタヌーン	アンニョンハセヨ	ニイハオ	ボンジュール
さようなら	グッドバイ／スィーユーレイター	アンニョンヒガセヨ（見送る人）／アンニョンヒゲセヨ（去る人）	ザイジェン	オールヴォアール
ありがとう	サンキュー	カムサハムニダ	シエシエ	メルスィ

（左ページに続《つづ》く）

（右ページの続き）

動画を見て発音してみたら，かん国語と中国語は聞き取りやすくて，だいたい同じように言えました。フランス語は，本に書かれているとおりに言っても，同じように発音できなくて，動画と同じように発音するのはむずかしかったです。

4.（ 調べた感想 ）

かん国語の「さようなら」は，見送る人と去る人で言葉がちがうと知って（ おどろきました ）。また，かん国語の「アンニョンハセヨ」やフランス語の「ボンジュール」は，時こくに関係《かんけい》なく使えて（ 便利だと ）思いました。

出典《しゅってん》・（ 参考し料 ）

・「世界のあいさつ言葉」（△△△△著《ちょ》　〇〇社）
・インターネット
「ことばチャンネル」（http://www.……jp）
（見た日　8月10日）

文の終わりは，「です」「ます」でそろえて書こう。

あいさつを表にして整理したよ。調べるときに使った本や，インターネットのサイトは，ほうこく文の最後《さいご》にわすれず書いたよ。

いろいろなあいさつ言葉があるんだね。とてもわかりやすかったよ。

74　75

「ます」「です」と、文の終わりの言い方をそろえよう。

しゅうさんは，わかったことを表に整理したよ。とてもわかりやすくなったね。

76・77ページ

37 ポスターを作る ❶

ポスターが知らせたいことを読み取ろう

ポスターは、商品のせん伝や、きまりやマナーのよびかけ、イベントや行事の案内などの知らせたいことを一まいの紙にまとめたものです。

言葉や写真、絵などを組み合わせて、人の注意を引きつけるくふうがされている。

ポスターが作られた目的や伝えたい相手を考えて、内ようを読み取ろう。

〈ポスターの例①〉

〈ポスターの例②〉

〈ポスターの例③〉

❶ 次の二つのポスターは、それぞれ同じことを伝えています。どんなちがいがあるでしょうか。ポスターを見て、後の問題に答えましょう。

ア

イ

(1) ア・イは、何を伝えるポスターですか。正しいもの一つに○をつけましょう。

（　）スクールゾーン
（　）犯罪《はんざい》防止
（○）交通安全

(2) ア・イのポスターについて、次の文の（　）に合う言葉を［　］から選んで書きましょう。

① アは、丸っぽい文字で（やわらかい）感じがする。
イは、角のあるような文字で（かたい）感じがする。

② アは（歩行者）の目線で、イは（運転手）の目線で見た様子を伝えている。

③ アは（横だん歩道）を正しくわたることを、イは安全な（運転）を心がけることをよびかけている。

［運転　横だん歩道　やわらかい　かたい
歩行者　運転手］

ポスターは，いちばん知らせたいことやキャッチコピーを大きく書こう。文字の形(書体)や，絵や写真のふんい気で，見る側《がわ》の受ける感じが変《か》わるよ。

78・79ページ

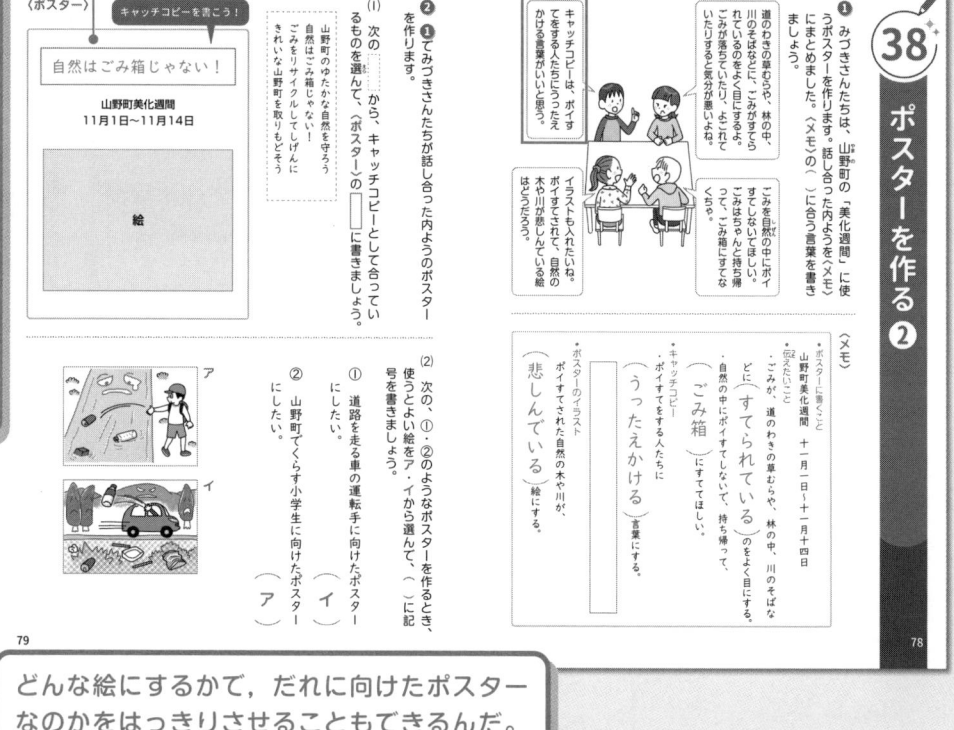

38 ポスターを作る ❷

❶ みづきさんたちは、山野《やまの》町の「美化週間」に使うポスターを作ります。話し合った内ようを〈メモ〉にまとめました。〈メモ〉の（　）に合う言葉を書きましょう。

〈メモ〉

・ポスターに書くこと
山野町美化週間　十一月一日～十一月十四日
・伝《つた》えたいこと
・ごみが、道のわきの草むらや、林の中、川のそばなどに（すてられている）のをよく目にする。
・自然の中にポイすてしないで、持ち帰って、（ごみ箱）にすててほしい。
・キャッチコピー
・ポイすてをする人たちに（うったえかける）言葉にする。
・ポスターのイラスト
ポイすてされた自然の木や川が、（悲しんでいる）絵にする。

❷ ❶でみづきさんたちが話し合った内ようのポスターを作ります。

(1) 次の［　］から、キャッチコピーとして合っているものを選んで、〈ポスター〉の［　］に書きましょう。

［山野町のゆたかな自然を守ろう
自然はごみ箱じゃない！
ごみをリサイクルしてしげんに
きれいな山野町を取りもどそう］

〈ポスター〉

(2) 次の、①・②のようなポスターを作るとき、使うとよい絵をア・イから選んで、（　）に記号を書きましょう。

① 道路を走る車の運転手に向けたポスターにしたい。（イ）

② 山野町でくらす小学生に向けたポスターにしたい。（ア）

ア

イ

ポイすてをする人たちによびかける言葉はどれがよいかを考えて選《えら》ぶよ。

どんな絵にするかで，だれに向けたポスターなのかをはっきりさせることもできるんだ。

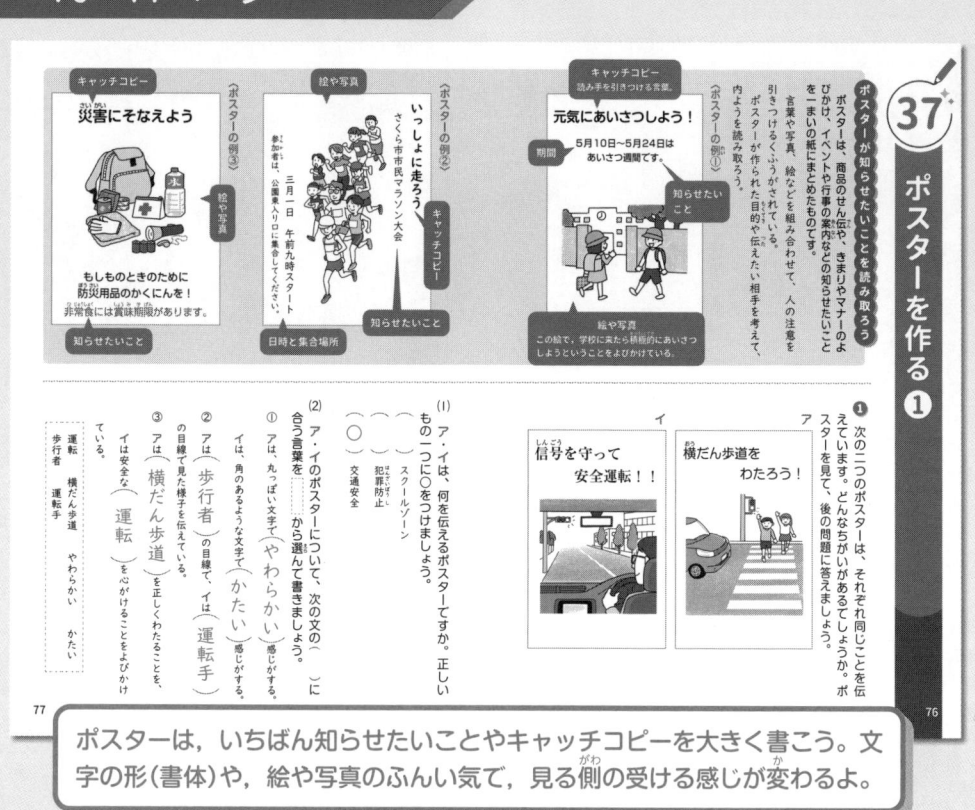

80・81ページ

39 しょう待する手紙を書く

いろいろな案内の手紙の書き方

発表会や運動会など、しょう待したい人に案内の手紙を書きます。

手紙を読む人に、わかりやすく、必要《ひつよう》なことが伝《つた》わるように、手紙を書こう。

しょう待する手紙に書く内よう
- はじめのあいさつ
- 来てほしい行事
- いつ(日時)
- どこで(場所)
- 行事で自分がすること
- 来てほしい気持ち
- 手紙を書いた日にち
- 自分の名前
- 相手の名前

手紙を書く前に、〈メモ〉を作ったり、下書きしたりしよう!

〈みのりさんの手紙〉

平野《ひらの》さん、こんにちは。
お元気ですか。
花だんのなえ植えを指《し》どうしていただいた、朝山《あさやま》小学校四年一組の坂口《さかぐち》みのりです。
今度、わたしが通う小学校で、学習発表会が開かれますので、ご案内します。
日時　十月十九日(日曜日)
午前九時から十二時まで
場所　朝山小学校の体育館
わたしは、「ごんぎつね」のげきをやります。毎日、クラスのみんなと一生けん命練習しています。ぜひ見に来てください。
十月一日
坂口　みのり
平野としゆき様

（はじめのあいさつ／来てほしい行事／日時／場所／行事で自分がすること／来てほしい気持ち／手紙を書いた日／自分の名前／相手の名前）

1 次の〈なおきさんの手紙のメモ〉を見て、〈なおきさんの手紙〉の（　）に合う言葉を書きましょう。

〈なおきさんの手紙のメモ〉

はじめのあいさつ	こんにちは
相手の名前	たてわり班《はん》でいっしょの、六年二組の川村《かわむら》のどかさん
来てほしい行事	六年生ありがとう集会
日時	二月二十四日(木曜日) 午後一時四十分から三時十五分
場所	体育館
自分がすること	・リコーダーの合そう ・みんなでゲーム
来てほしい気持ち	おもしろいゲームを考えているので、楽しみにしてほしい。
書いた日	二月十日

〈なおきさんの手紙〉

川村さん、こんにちは。
ぼくは、たてわり班でいっしょの四年二組の本間《ほんま》なおきです。
今度、（六年生ありがとう集会）を開きますので、ご案内します。
（日時）二月二十四日(木曜日)
午後一時四十分から三時十五分
（場所）体育館
ぼくたちは、リコーダーの合そうをします。そのあと、六年生のみなさんと（ゲーム）をしたいと思っています。
（おもしろいゲームを考えている）ので、楽しみにしていてください。
（二月十日）
四年二組　本間　なおき
六年二組　川村のどか様

来てほしい気持ちを伝《つた》えるには、「ぜひ見に来てください。」「ぜひ参加《さんか》してください。」と書いてもいいし、「お会いできるのを楽しみにしています。」や「お待ちしています。」と書いてもいいね。

行事や会にしょう待するときは，日時と場所をわすれないで書こう。手紙に地図をそえて送ると，より親切だね。

82・83ページ

40 お礼の手紙を書く

お礼の気持ちを伝える手紙の書き方

手紙は、相手や目的によって書く内ようや言葉づかいが変わります。

手紙には決まった形式があるので、その形式に気をつけて書こう。

お礼の手紙に書く内よう
- はじめのあいさつ
- 何についてのお礼か
- お礼の気持ち
- 結びのあいさつ
- 手紙を書いた日にち
- 自分の名前
- 相手の名前

「何についてのお礼か」をくわしく書くと、気持ちがより伝わるよ!
「相手がしてくれたこと」や「そのとき自分が感じたこと」を書き出しておこう。

はじめのあいさつ

ぼくは、みなさんが作ってくださった給食を毎日いただいている、新川小学校の竹山はやとです。
いつも、おいしくていろいろなメニューがある給食を食べることができて、うれしいです。
ぼくは、魚が苦手でしたが、給食であじのフライや、さけのホイル焼きを食べて、魚が好きになりました。
ぼくたちの体のことを考えて、栄養《えいよう》満点のおいしい給食を作ってくださって、ありがとうございます。これからも、給食を残さず食べようと思います。
お体に気をつけて、これからもお仕事をがんばってください。
九月十五日
新川小学校　竹山　はやと
給食センター　給食調理員のみな様

（結びのあいさつ／何についてのお礼か，お礼の気持ち／手紙を書いた日にち／自分の名前／相手の名前）

1 次の〈りささんの手紙のメモ〉を見て、〈りささんの手紙〉の（　）に合う言葉を書きましょう。

〈りささんの手紙のメモ〉

はじめのあいさつ	・いちょうの葉が色づいてきました。 ・お元気ですか。
何についてのお礼か お礼の気持ち	・民族《みんぞく》博物館を見学させていただいたお礼。 ・いろいろな地いきの生活や文化を知れた。 ・てんじされている道具や衣服について、くわしく説明《せつめい》してくださったので、とても勉強になった。 ・ご案内してくださって、ありがとうございました。
結びのあいさつ	寒くなってきたので、お体に気をつけてください。
書いた日にち	十一月二十日
相手の名前	山口《やまぐち》ひろしさん

〈りささんの手紙〉

（いちょうの葉）が色づいてきました。山口さん、お元気ですか。
わたしは、先週、民族博物館を見学させて（いただいた）、北山小学校四年一組の石本《いしもと》りさです。見学を通して、いろいろな地いきの生活や文化など、今まで知らなかったことを知ることができました。また、てんじについてくわしく説明してくださったので、とても勉強になりました。
（ご案内してくださって）、ありがとうございました。
（寒くなってきたので）、お体に気をつけてください。
十一月二十日
北山小学校四年一組　石本　りさ
（山口ひろし様）

「はじめのあいさつ」で、季節《きせつ》の言葉を使うときは、手紙を書いた月日に合った言葉を選ぶよ。

「結《むす》びのあいさつ」として、りささんは、感しゃと相手の健康《けんこう》を気づかう言葉を書いているね。

「いただいた」や「ご案内《あんない》してくださって」など，けい語を使って書いてみよう。

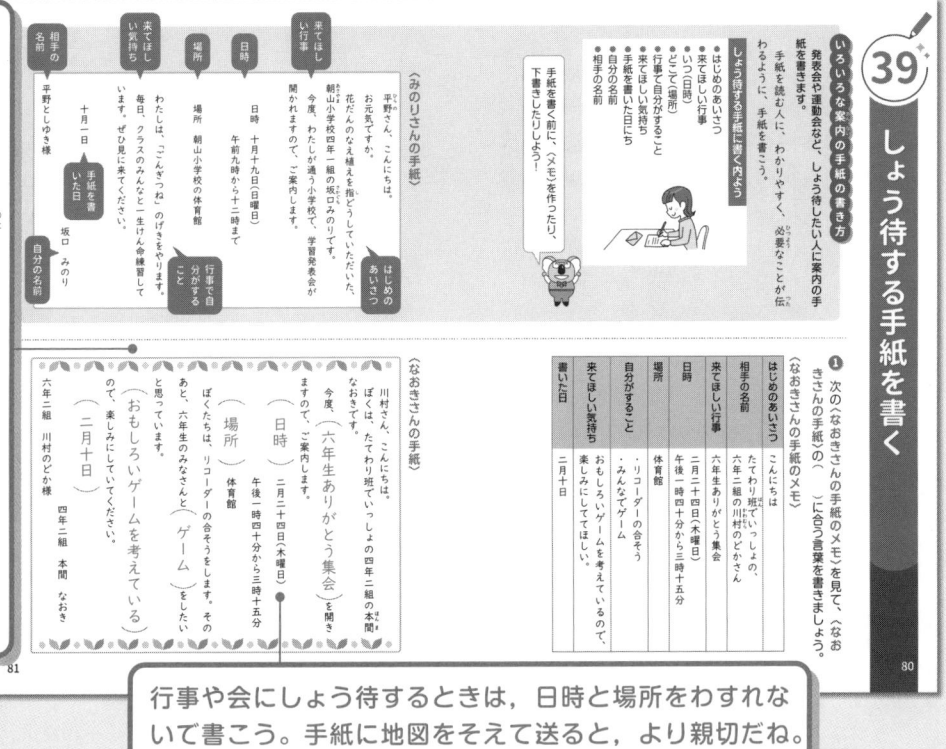

84・85ページ

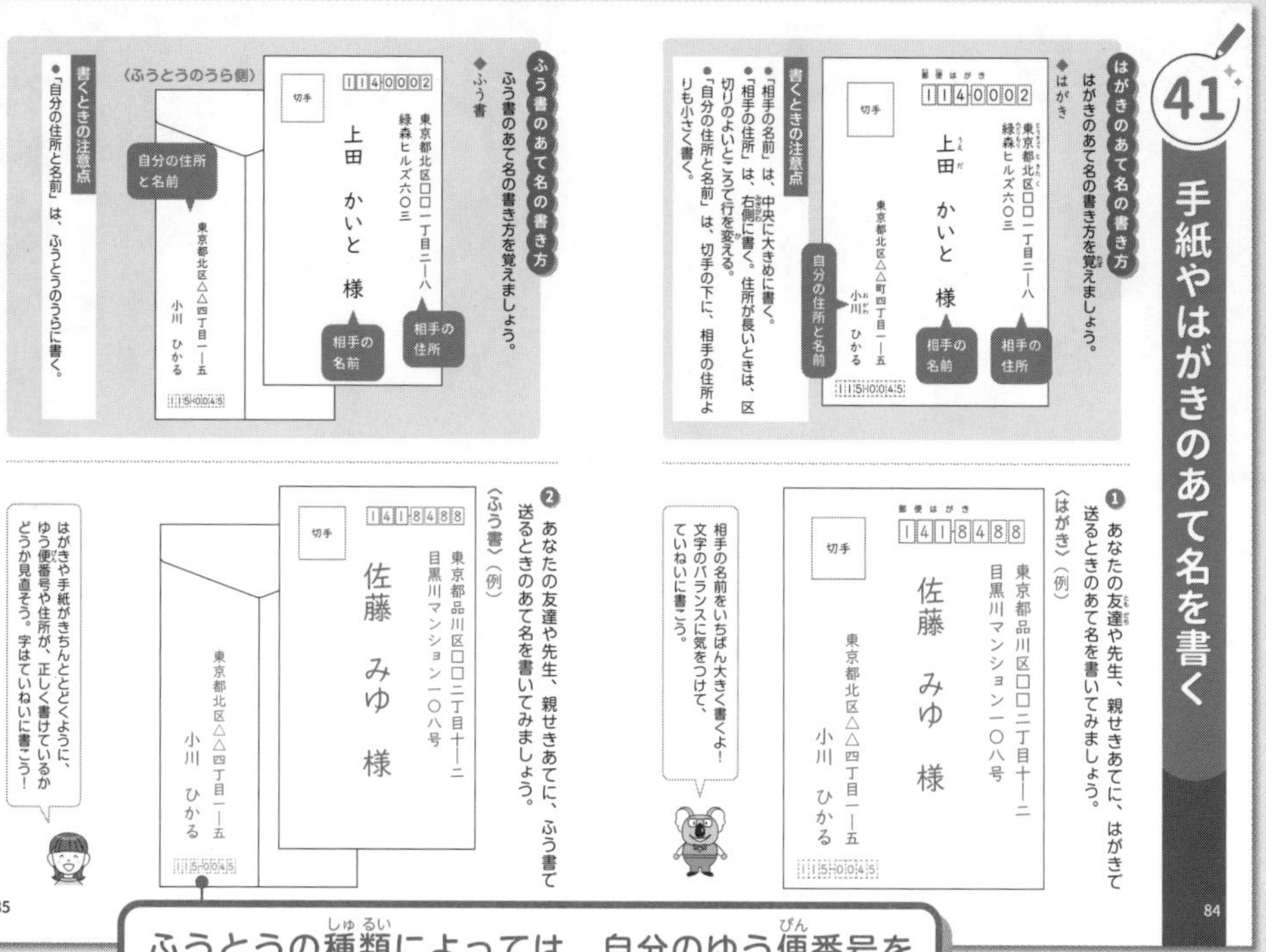

41 手紙やはがきのあて名を書く
はがきのあて名の書き方
はがきのあて名の書き方を覚えましょう。
◆はがき
郵便はがき 1140002
東京都北区□□一丁目二一八
緑森ヒルズ六〇三
上田 かいと 様
東京都北区△△町四丁目一一五
小川 ひかる
1150045
相手の住所
相手の名前
自分の住所と名前
書くときの注意点
●「相手の名前」は、中央に大きめに書く。
●「相手の住所」は、右側に書く。住所が長いときは、区切りのよいところで行を変える。
●「自分の住所と名前」は、切手の下に、相手の住所よりも小さく書く。
❶ あなたの友達や先生、親せきあてに、はがきで送るときのあて名を書いてみましょう。
〈はがき〉（例）
郵便はがき 1418488
東京都品川区□□二丁目十一二
目黒川マンション一〇八号
佐藤 みゆ 様
東京都北区△△四丁目一一五
小川 ひかる
1150045
相手の名前をいちばん大きく書くよ！文字のバランスに気をつけて、ていねいに書こう。
84
ふう書のあて名の書き方
ふう書のあて名の書き方を覚えましょう。
◆ふう書
1140002
東京都北区□□一丁目二一八
緑森ヒルズ六〇三
上田 かいと 様
相手の住所
相手の名前
〈ふうとうのうら側〉
自分の住所と名前
東京都北区△△四丁目一一五
小川 ひかる
1150045
書くときの注意点
●「自分の住所と名前」は、ふうとうのうらに書く。
❷ あなたの友達や先生、親せきあてに、ふう書で送るときのあて名を書いてみましょう。
〈ふう書〉（例）
1418488
東京都品川区□□二丁目十一二
目黒川マンション一〇八号
佐藤 みゆ 様
東京都北区△△四丁目一一五
小川 ひかる
1150045
はがきや手紙がきちんととどくように、ゆう便番号や住所が、正しく書けているかどうか見直そう。字はていねいに書こう！
85

ふうとうの種類《しゅるい》によっては，自分のゆう便《びん》番号を住所と名前の上に書くこともあるよ。

書き終わったら、あて先のゆう便番号や住所、名前が正しく、ていねいに書いてあるか、かくにんしよう。漢字のまちがいにも気をつけよう。

86・87ページ

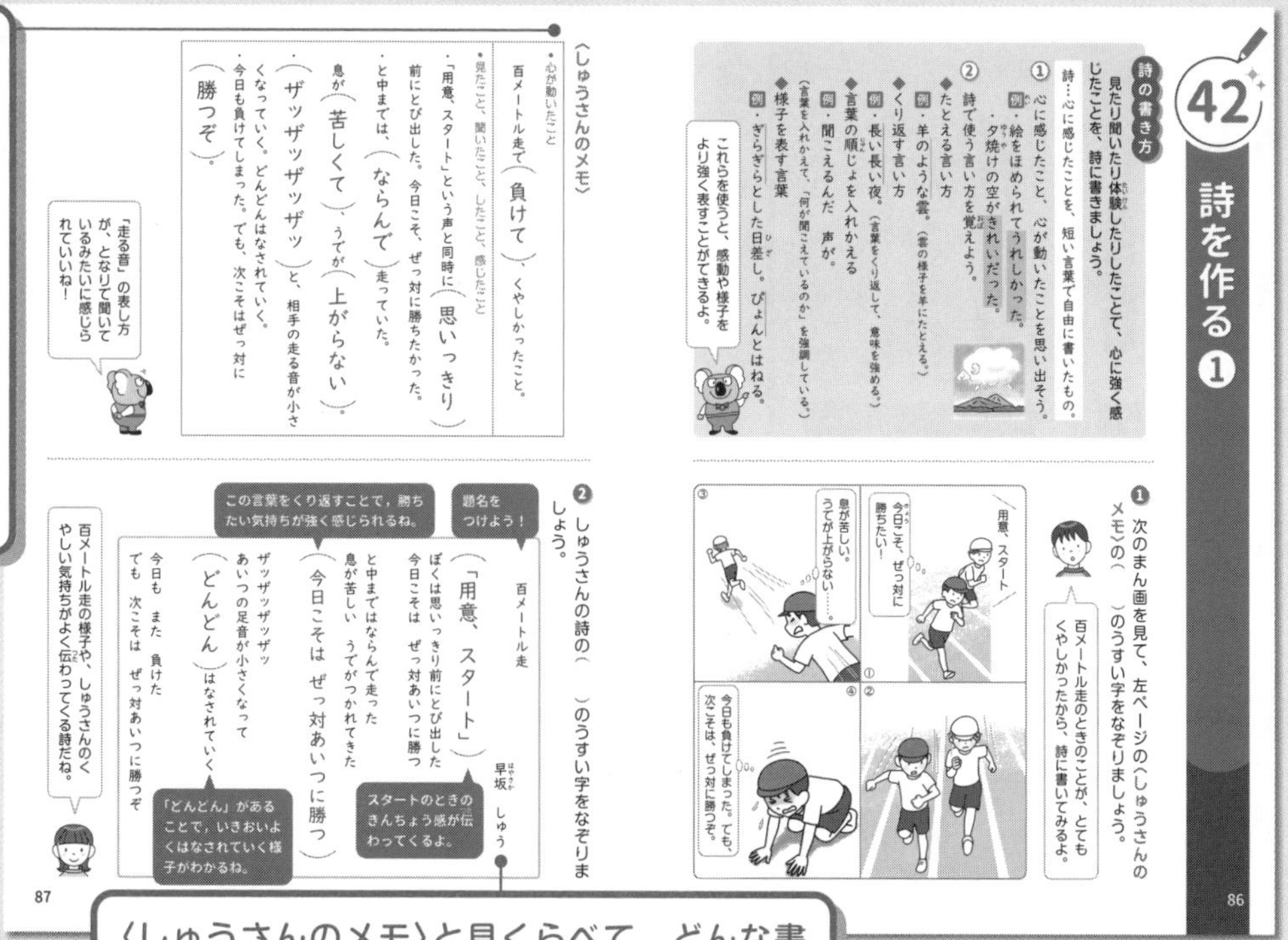

42 詩を作る❶
詩の書き方
見たり聞いたり体験したりしたことで、心に強く感じたことを、詩に書きましょう。
詩…心に感じたことを、短い言葉で自由に書いたもの。
① 心に感じたこと、心が動いたことを思い出そう。
例・絵をほめられてうれしかった。
・夕焼けの空がきれいだった。
② 詩で使う言い方を覚えよう。
◆たとえる言い方
例・羊のような雲。（雲の様子を羊にたとえる。）
◆くり返す言い方
例・長い長い夜。（言葉をくり返して、意味を強める。）
◆言葉の順じょを入れかえる
例・聞こえるんだ 声が。（言葉を入れかえて、「何が聞こえているのか」を強調している。）
◆様子を表す言葉
例・ぎらぎらとした日差し。ぴょんとはねる。
これらを使うと、感動や様子をより強く表すことができるよ。
❶ 次のまんが画を見て、左ページの〈しゅうさんのメモ〉の（ ）のうすい字をなぞりましょう。
百メートル走のときのことが、とてもくやしかったから、詩に書いてみるよ。
用意、スタート
今日こそ、ぜっ対に勝ちたい！
息が苦しい。うでが上がらない……。
今日も負けてしまった。でも、次こそは、ぜっ対に勝つぞ。
86
〈しゅうさんのメモ〉
・心が動いたこと
百メートル走で（負けて）、くやしかったこと。
・見たこと、聞いたこと、したこと、感じたこと
・「用意、スタート」という声と同時に（思いっきり）前にとび出した。今日こそ、ぜっ対に勝ちたかった。
・と中までは、（ならんで）走っていた。
息が（苦しくて）、うでが（上がらない）。
・（ザッザザッザッ）と、相手の走る音が小さくなっていく。どんどんはなされていく。
・今日も負けてしまった。でも、次こそはぜっ対に（勝つぞ）。
「走る音」の表し方が、となりで聞いているみたいに感じられていいね！
❷ しゅうさんの詩の（ ）のうすい字をなぞりましょう。
百メートル走
早坂 しゅう
（「用意、スタート」）
ぼくは思いっきり前にとび出した
今日こそ ぜっ対あいつに勝つ
と中まではならんで走った
息が苦しい うでがつかれてきた
（今日こそは ぜっ対あいつに勝つ）
ザッザザッザッ
あいつの足音が小さくなって
（どんどん）はなされていく
今日も また 負けた
でも 次こそは ぜっ対あいつに勝つぞ
題名をつけよう！
この言葉をくり返すことで、勝ちたい気持ちが強く感じられるね。
スタートのときのきんちょう感が伝わってくるよ。
「どんどん」があることで、いきおいよくはなされていく様子がわかるね。
百メートル走の様子や、しゅうさんのくやしい気持ちがよく伝わってくる詩だね。
87

〈しゅうさんのメモ〉と見くらべて，どんな書き方のくふうをしているか，考えてみよう。

しゅうさんのまん画を見てから、うすい字をなぞっていこう。

88・89ページ

書きたいことを決めたら、そのときの様子（見た目・音・手でさわった感じ）や、自分の感じた気持ち、思いうかぶ言葉などをどんどん書き出していこう。

43 詩を作る ②

❶ あなたが強く心に感じたことや心が動いたことを、詩に書いてみましょう。

◆いろいろな気持ち
・うれしい　・悲しい
・おどろき　・きれいだな
・くやしい　・不思議《ふしぎ》だな
・おいしい　・かわいい　など

ほかにも、どんな気持ちになったことがあるかな？

詩で使いたい言葉をメモに書き出してみたよ！

〈みづきさんのメモ〉
●心が動いたこと
一人《ひとり》で電車に乗ったら、景色《けしき》がいつもとちがって見えた。
●見たこと、聞いたこと、したこと、感じたこと
・初《はじ》めて乗る路線の電車。
・ひとりで乗るのも、初めて。
・話す人がいなくて心細い。
・まどから見る風景《ふうけい》は見なれない。
・電車は、川をいくつもわたっていく。
・たくさんの畑や林が通りすぎていく。
・知らない町をどんどん通りぬけていく。
・だんだん、知らない所に行くのが楽しみになってきた。

(1) 〈あなたのメモ〉を作りましょう。
（例）
〈あなたのメモ〉
●心が動いたこと
雨が上がった後の、水たまりがきれいで不思議だった。
●見たこと、聞いたこと、したこと、感じたこと
・雨上がりに水たまりをのぞいた。
・水たまりに青い空がうつった。
・太陽もうつって、きらきらしていた。
・わたしの顔もうつった。
・かさでつついたら、ゆらゆらゆれた。
・水たまりは、かわいたらなくなってしまう。明日にはきっとないだろうな、不思議だな。

短い言葉や文で書こう。たとえる言い方や様子を表す言葉を使ってみよう！

(2) 右ページの〈あなたのメモ〉を見て、詩を書きましょう。
（例）
題名（水たまり）
名前（村田　ひろと）

雨上がり　のぞいた　水たまり
青い空をうつして　鏡みたい
きらきら　太陽もうつしている
のぞいているわたしの顔もうつしている

かさでつついたら
青い空も　太陽も　わたしの顔も
ゆらゆら　ゆれた

雨上がり　のぞいた　水たまり
明日にはもうなくなっている
不思議な鏡

メモに書いた言葉を、ならべかえたり、くり返してみたり、いろいろなくふうをしてみよう！

88

（例《れい》）・様子を表す言葉…「きらきら」「ゆらゆら」
・くり返す言い方…「うつしている」という言葉のくり返し。
・言葉の順じょ《じゅん》の入れかえ…「明日《あす》にはもうなくなっている　不思議《ふしぎ》な鏡《かがみ》」

90・91ページ

44 物語を作る ①

物語の組み立て方

多くの物語は、次のような組み立てで書かれています。

はじめ	登場人物、時（時期や時こく）、場所など 物語が始まるきっかけ
中	出来事①　事件《じけん》が起こる→解決《かいけつ》する ↓ 出来事②　事件が起こる→解決する …
終わり	出来事（事件）の結果《けっか》、どうなったか 物語の結び《むす》、結末《けつまつ》

※中の「出来事」がいくつもくり返されて、物語が続《つづ》く。

まず、物語の内ようをいろいろと想ぞうしてみよう。見たことのある絵や写真、ドラマやえい画、ゲームなどから想ぞうをふくらませてもいいよ。
今回は、「まほうのくつ」という物語を、みづきさんといっしょに作ってみるよ。

まほうのくつを見つけるお話だよ。まほうのくつをはくと、何ができるようになればいいかな？　考えてみるね。

❶ みづきさんは91ページの絵をもとに、次のような〈組み立てメモ〉を作りました。後の問題に答えましょう。

〈組み立てメモ〉
はじめ
●登場人物の名前…［ア］　●どこ…家のげん関《かん》
●いつ…ある朝
●どうした…まほうのくつを見つけた。まほうのくつから声が聞こえてくる。

中
・くつをはいて外に出ると……。
出来事①…まずどんなことが起こったか
↓
出来事②…それからどうなったか

終わり
・結末…最後《さいご》にどうなったか
［ア］は、どう思ったか、何と言ったか、何をしたか

(1) ［ア］に入る登場人物の名前を、自由に考えて書きましょう。（例）
（アオイ）

(2) まほうのくつは、どんなくつですか。色、形、もよう、どんなかざりが付《つ》いているかなど、自由に考えて書きましょう。
例《れい》 にじのような七色のしまもよう。いろいろな乗り物の絵がかいてある。
（例）
（銀色で、小さな羽根のかざりが付いている。）

(3) まほうのくつをはくと、どんなことができるでしょう。自由に考えて書きましょう。
例 自分が今いちばん行きたいところへすぐ行ける。
（例）
（空を自由に飛ぶことができる。）

90

もし、「まほうのくつ」があったら、あなたは何がしたいかな。主人公になったつもりで考えてみよう。

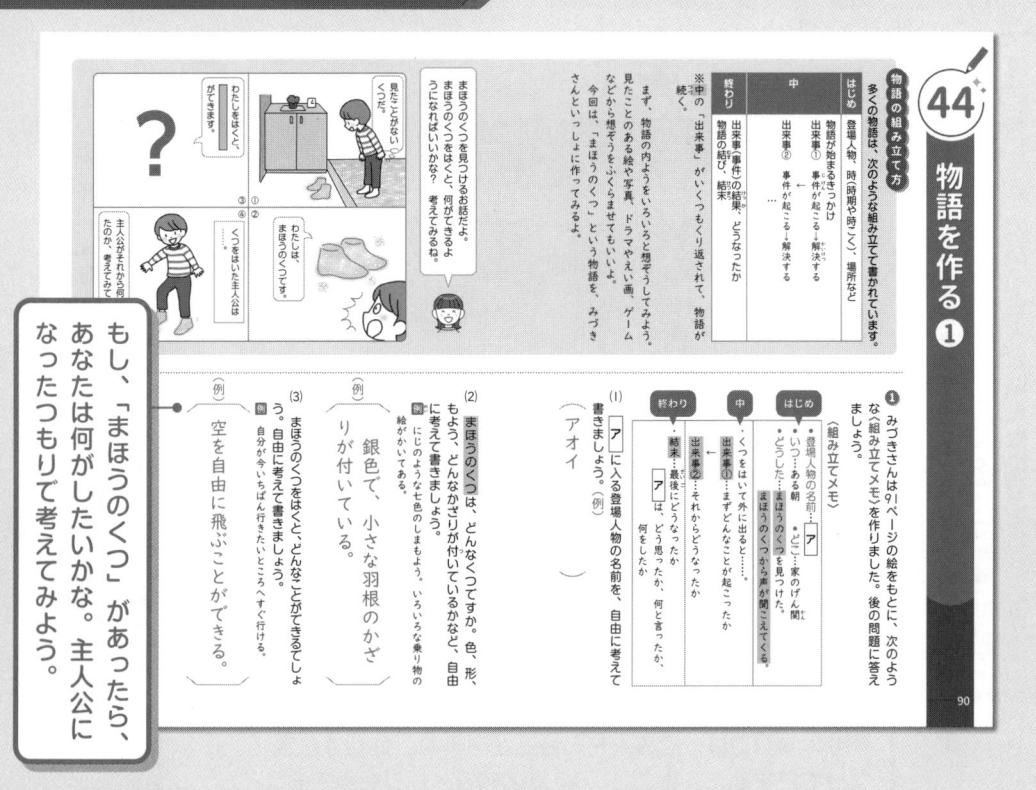

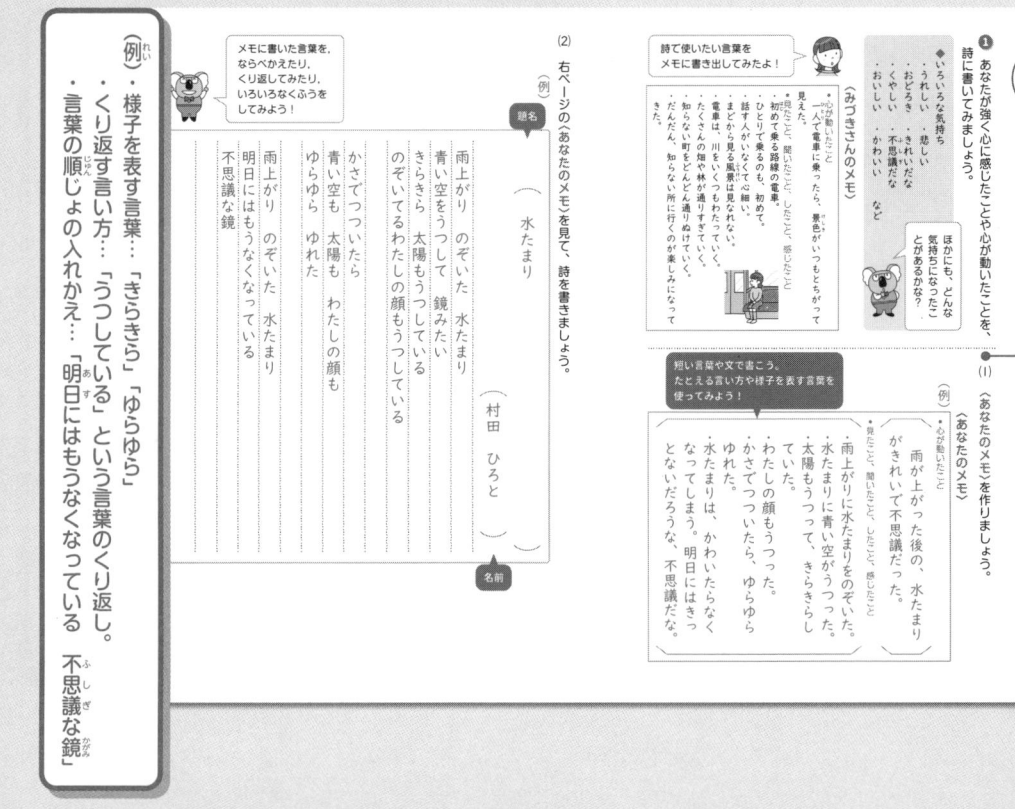

92・93ページ

想《そう》ぞうをふくらませて、自由に書いてみよう。
(例《れい》)・ダンスがとく意なくつ→くつが勝手におどり出してびっくり。
・体がとう明になるくつ→友達《ともだち》に会っても気づかれない。

45 物語を作る ②

(4) (91ページの続き)
出来事①に入る内ようを考えます。くつをはいて外に出たら、「まずどんなことが起こったか」を自由に考えて書きましょう。
例 足が勝手に動き出して、あっという間に通っている小学校に着いた。

(例) 足がふわっと軽くなって、体が十センチメートルぐらいういた。

(5) 出来事②に入る内ようを考えます。出来事①の後、「どうなったか」を自由に考えて書きましょう。
例 昨日《きのう》けんかしたヒロトくんの前で、ぴたりと止まった。

(例) 平泳ぎみたいにうでを動かすと、体がぐんぐん上に上がって、すいすい空を飛ぶことができた。

(6) 結末《けつまつ》に入る内ようを考えます。どうなったかを自由に考えて書きましょう。出来事②の後に
例 勇気を出して昨日のことをあやまり、ヒロトくんと仲直《なかなお》りできた。「どうして、ヒロトくんと仲直りしたいことがわかったんだろう。」と不思議《ふしぎ》に思った。

(例) うれしくなって、このままいつも遊んでいる公園まで行こうと考えた。「みんなびっくりするだろうな。」と思いながら、広い空をどんどん進んで行った。

物語の出来事と結末の部分を考えていくよ。どんな物語になったかな?

② 90〜92ページで、あなたが考えたことを〈組み立てメモ〉にまとめましょう。
〈組み立てメモ〉(例)

90ページ❶(1)、91ページ(2)・(3)
・主人公の名前……(アオイ)
・ある朝、家のげん関《かん》で、まほうのくつを見つける。
・まほうのくつは、(銀色で、小さな羽根のかざりが付いている)。
・まほうのくつをはくと、(空を自由に飛ぶことができる。)

92ページ(4)
・まほうのくつをはいて外に出たら、
(足がふわっと軽くなって、体が十センチメートルぐらいういた。)

92ページ(5)
・そして、
(平泳ぎみたいにうでを動かすと、体がぐんぐん上に上がって、すいすい空を飛ぶことができた。)

92ページ(6)
・結末……
(うれしくなって、このままいつも遊んでいる公園まで行こうと考えた。「みんなびっくりするだろうな。」と思いながら、広い空をどんどん進んで行った。)

〈組み立てメモ〉にまとめるときに、物語に付《つ》け加《くわ》えたいことや変《か》えたいことがあったら、ここで直しておこう。

94・95ページ

46 物語を作る ③

❶ 93ページの〈組み立てメモ〉を見ながら(　)に合う言葉や文章を書いて、「まほうのくつ」の物語を完成《かんせい》させましょう。(例)

はじめ
ある朝のことです。(アオイ)▼主人公の名前 がげん関《かん》に行くと、見たこともないくつが置《お》いてありました。そのくつは、
(銀色で、小さな羽根のかざりが付いていました。)
そして、そのくつから声が聞こえてくるではありませんか!
「わたしは、まほうのくつです。このくつをはくと、(空を自由に飛ぶことができます。)」

中
(アオイ)▼主人公の名前 は、おそるおそるそのくつをはいて、外に出てみました。すると、
(足がふわっと軽くなって、体が十センチメートルぐらいうきました。)
そして、
(平泳ぎみたいにうでを動かすと、体がぐんぐん上に上がって、すいすい空を飛ぶことができました。)

終わり
(アオイ)▼主人公の名前 は、
(うれしくなって、このままいつも遊んでいる公園まで行こうと考えました。
「みんなびっくりするだろうな。」
と思いながら、広い空をどんどん進んで行きました。)

今回は、文の終わりを、「です」「ます」でそろえて書こう。
全て書けたら、最初《さいしょ》からつなげて読んでみよう。

どんな物語になったかな。「まほうのくつ」をはいて何が起こったのか、主人公は最後《さいご》に何をしたのか、話がつながっているかどうかをかくにんしよう。

(例)の物語には，登場人物の会話があるね。会話はかぎ(「　」)をつけて行を変えて書こう。ドリルの96ページも見ておこう。